庫

龍樹の仏教

十住毘婆沙論

細川 巌

筑摩書房

まえがき

私が旧書『龍樹の仏教――十住論における人間形成』を山喜房仏書林から出版したのは昭和四十五（一九七〇）年でもう二十年以上も昔のことである。当時は『十住毘婆沙論《じゅうじゅうびばしゃろん》』全体についての解説書はほとんどなく、わずかに加藤智学氏の『龍樹の宗教』と東本願寺教学研究所の『真宗宗祖伝』の龍樹の項（蓬茨祖運師）が参考になっただけであった。

今にして思えばこの刊行はまったく汗背のほかないものであった。独学で専門的な学力に乏しい若輩がこのような大著の解釈をほしいままに試みたことは、謙虚さに欠けた行為であったと反省にたえないことである。しかし、私はこの龍樹の『十住毘婆沙論』から深い教えをいただくことができた。この書を何回も繰り返し読んだことが、今日までいわゆる七祖の聖教を引続き頂戴することのできるきっかけとなった。

その後、『十住毘婆沙論』は、多くの仏教学者によって研究され、成書として刊行されたものだけでも、武邑尚邦師の『十住毘婆沙論研究』（昭和五十四〈一九七九〉年、百華苑）、仲野良俊師『解読易行品』（昭和五十七〈一九八二〉年、法藏館）、西山邦彦師『龍樹と曇鸞

――浄土論註研究序説』（昭和五十七〈一九八二〉年、法藏館）等をあげることができる。

このうち仲野師のものは、『十住毘婆沙論』の全容にわたるものではないが、易行品までの何章かについて概略が述べられ、とくに易行品については詳細な記載がなされている。また、西山師のものは、釈願品、易行品について詳しく取り扱われており、論全体についての記述もなされている。

その他、関連のある書物としては、山口益師『世親の浄土論』（昭和三十八〈一九六三〉年、法藏館）、安田理深師『十地経論初歓喜地聴記』（安田理深選集第七・八巻　昭和六十三〈一九八八〉年、文栄堂）などがあげられよう。また、これらの刊行書に引用されている参考文献によると、「大谷学報」その他に長谷岡一氏、上杉思朗氏などの本論に関する貴重な研究論文があると述べられている。このように本論の研究が進捗してきたことは、私にとってまことに喜びにたえないことであった。

ところで、私は先年広島大学仏教青年会から、旧著の再刊を勧められた。しかしこのように多くの碩学たちの研究が進められてきている現況下では、二十何年も前の小著など到底再刊の価値はないものと考え、これを固辞してきた。しかしその後、前記刊行書のすべてを読むことができて感じたことは、これらのうち『十住毘婆沙論』の正しい理解がなされているものはきわめて少ないのではないかということであった。その理由は、龍樹の『十住毘婆沙論』と天親の『十地経論』との相違点が明確に理解されていないこと、つまり、両者ともに『十地経』の釈論であるというような一応の考えにとどまり、「毘婆沙」論と「論」との差異が明確でないことにある。さらにいえば、『十地経』の原典にない発菩提心品、調伏心品、易行品、除業品などの諸章を龍樹がなぜ書いたのか、その理由が明らかに理解されていないことにあると思われる。

私は、前記のように『十住毘婆沙論』の研究がかなり進んだといっても、こういう状態ではこれをこのまま放置してはならないと考えた。この際、やはりすでに発表したこの論に対する私の考えを再発表し、私が本論の真意と考える所を明らかにして江湖の批正を仰ぎたいと思うようになった。これがこの小書を刊行する所以である。そのため、稿を改め、天親の『十地経論』との比較などを加え、初地を主として、ここに新しく『龍樹の仏教――十住毘婆沙論』として出版することにした。

本書では、多くの章に【検討】の項を設け、私の考えと従来の刊行書との相違点を明らかにした。識者の御叱正をいただければ幸甚である。また本書は初地の各章について述べたもので、二地については最初の一章に触れただけであることをお詫びしたい。

もとより私の考えだけが正しいなどと主張する意思は毛頭ない。願わくば『十住毘婆沙論』の真の意義がより明らかになって、龍樹菩薩の功績が正しく評価されることが唯一の念願である。

ここにおいて『往生要集』の最後にある『華厳経』のことばを思い出した。

当知生謗亦是結縁（まさに知るべし謗りを生ずるもまたこれ結縁なり

乃至菩提互為師弟　乃至《ないし》菩提まで互いに師弟とならん）

最後にこの書の成る因縁を与えられた広島大学仏教青年会松田正典教授、並びに法藏館社長西村明氏に感謝したい。また、終始懇篤な御配慮をいただいた法藏館編集部の池田顕雄氏に深謝する。

平成四年一月

著者しるす

目次

まえがき　3
序章　13
第一章　序品　31
第二章　入初地品　60
第三章　地相品　82
第四章　浄地品　102
第五章　釈願品　111
第六章　発菩提心品　128

第七章　調伏心品　133
第八章　阿惟越致相品　139
第九章　易行品　152
第十章　除業品　206
第十一章　分別功徳品　214
第十二章　分別布施品　224
第十三章　分別法施品　232
第十四章　帰命相品　235
第十五章　五戒品　240
第十六章　知家過患品　246
第十七章　入寺品　249
第十八章　共行品　251
第十九章　四法品　253

第二十章　念仏品　263
第二十一章　四十不共法品　272
第二十二章　四十不共法中難一切智人品　276
第二十三章　四十不共法中善知不定品　278
第二十四章　讃偈品　281
第二十五章　助念仏三昧品　282
第二十六章　譬喩品　289
第二十七章　略行品　298
第二十八章　分別二地業道品　302
跋　文　309
解説　現状における仏道の指針（柴田泰山）　311

龍樹の仏教——十住毘婆沙論

序章

龍樹の著作として現在伝えられているものは甚だ多いが、その代表的なものとしては、『中観論』(中論)、『大智度論』(大論)及び『十住毘婆沙論』(十住論)があげられる。これらの内容については、古来、多くの学者によって研究がなされ、わが国では、加藤智学、山口益、その他の碩学の著述がある。

龍樹は、仏教内部では八宗の祖師とうたわれている。八宗とは倶舎宗、成実宗、律宗、法相宗、三論宗、華厳宗、天台宗及び真言宗をいうが、その中でも三論宗は、龍樹の著書、『中論』と『大論』を所依の経典の主なものとしている。

これらの著作の製作の年代については、加藤智学氏は、『中論』が最初の著作であり、次に『大論』『十住論』の順であろうといわれているが、内容から見ておそらくそうであろう。これらの著作の中で最も大切なものは『中論』であるというのが、大方の仏教学者の説である。しかし学問的には『中論』が龍樹の主著であるとしても、それは学問上のことにとどまり、実践的にはほとんど見るべきものがないのではないか。三論宗その他、龍樹の『中観論』を取り扱う宗派は、ずっと以前から宗教的生命を失って骨董化してしまったようである。それはおそらく『中論』が仏教の哲理宣揚に終始して、現前脚下、実践すべきものを具体的に示していないところにあると思われる。

そもそも仏道とは何か。今さらこのようなことを持ち出す必要はないであろう。仏道はもとより理論でもなく、哲学でもない。この現実社会の中で生きているわれわれ一人一人が、転迷開悟、ついに感謝の中に生かされ、少しでも世の中のために役立つような利他の立場にたたされる、すなわち自利利他の存在たらしめられることをおいて、どこに仏道があり得よう。仏教学の必要な所以も、結局はここに摂《おさ》まるのではなかろうか。仏教を単に学問の対象と見るならば、龍樹においては『中論』が中心であることに間違いはない。『大論』や『十住論』は、内容的にはずっと地味にみえる。しかし実践的あるいは求道的立場からいうならば、最も大切なのは『十住論』であり『大論』であろう。

親鸞は和讃に「智度十住毘婆沙等」といって、龍樹の主著としてこの二論をあげ、『中論』は「等」の中に摂めている。これはもちろん、和讃という限られた字数によるものでもあろうが、しかしながら『教行信証』にはこの二論からの引用文はあるけれども、『中論』からの引用文はみられないことなどから窺ってみても、親鸞はやはり『大論』と『十住論』に深く注目されたのではなかろうか。その中でも特に『十住論』が中心であろう。龍樹を「本師龍樹菩薩」と仰ぎ「本願こころにかけしめて　つねに弥陀を称すべし」とうたわれた内容は、まさに『十住論』をよりどころとするものである。これを憶うとき、親鸞は龍樹の主著をこの『十住論』としたといえるであろう。

次に『十住毘婆沙論』の原典である『十地経』について簡単に述べる。

『十地経』は仏前における金剛蔵菩薩の説法に始まる。処は他化自在天宮、集まるものはすべて不退転の大菩薩三十八人である。

金剛蔵菩薩は菩薩大智慧光明三昧からたって菩薩たちに告げる。「菩薩において願心が決定するならば、彼は広大な世界に生まれ一切世間を救うであろう。何が故であるかといえば、そのとき過去現在未来の諸仏の智慧の世界(智地)に入るからである」と述べて、十地の名をあげ「この十地は菩薩道として最上の妙道である」といい了り黙然として住する。

時に大菩薩の中に解脱月菩薩がいて、「菩薩よ、どうか十地のわけがらを説きたまえ、これらの菩薩はみな堅心で恭敬心に住し、渇いた中で甘露を待つように説法を待っております」と請う。これに対し金剛蔵菩薩は、「この十地のわけがらは仏道の根本であり、微妙にして難見、凡情の及ぶところではない。これ仏智所産のものであるが故である。皆の菩薩たちが、たといよく聴聞してくれても、寂滅無為の智慧の世界は、これを分別して説き明かすことは到底できない。あたかも虚空に絵をかき、風をとらえてみるようなものである」と言って説くことを拒絶する。解脱月菩薩はさらに請う。金剛蔵菩薩は「聞く者がいかにすぐれた人たちであっても、人間的な心によって聞いて、智慧によらないならば、かえって疑いや後悔を生ずるであろう」と言ってこれを拒否する。

このような問答が重ねられた最後に、ついに金剛蔵菩薩は偈をもって次のようにいう。

仏道は微妙であり、甚だ難解であって、凡情の思索によって得られるものでなく、智慧によってのみ体得されるものである。言葉で説くこともかなわず、人に対してこれが仏道だと示すこともできない。十地のわけがらも同様であって、人間の考えを押し進めて理解できるというものではない。私はまさに仏力をうけて説くほかはない。どうか恭敬して聞いてください。仏の智慧力無量、今これをわが身にうけて説こうとするが、しかし私の説くところは大海の水の一滴にも及ばぬものである。

このようにして初めて説き出された十地の内容は、まず菩薩はいかにして生まれ出るかということに始まる。

もし衆生あって、厚く善根を集め、諸の善行を修め、よく助道の法を集め、諸仏を供養し、諸の清白の法を集め、善知識に護られ、深広の心に入り、大法を信楽し、心多く慈悲にむかい、好んで仏智を求めるならば、このような衆生はよく阿耨多羅三藐《あのくたらさんみゃく》三菩《さんぼ》提心《だいしん》（無上正真道意）をおこすであろう。一切種智を得るがための故に（為得一切種智故）、十力を得るがための故に（為得十力故）、大無畏を得るがための故に〈中略〉菩薩はこのような心をおこすのである。この無上正真道意すなわち無上道心をおこす

とき衆生は直ちに凡夫地をこえて菩薩位に入り、菩薩道を展開する身となる。これを歓喜地（初地）に入るという。

と述べている。そして二地、三地と説明を展開してゆく。

この『十地経』の序章では、まず十地の内容が、人間の知性的な考え、いわゆる理知的な立場から追求されるべきものではないことが強調されている。すなわち菩薩の誕生及び進展は、人間の分別、知性をもって理解されるものでなく、知性をこえた智慧（これを仏智という）によらねばならないとの強調が、繰り返し力説されている。これは実は、菩薩の誕生は知性の究極においてあるもの、つまり人間知性との大断絶において成立しうるものであることを繰り返し注意しているのであろう。

しかしその具体的な内容はここでは明らかでない。ただ菩薩の誕生は、衆生の上に真の願心が成立することによるといわれている。したがって問題は、真の願心とは何か。そしてそれはいかにして成立するかということにあろう。これに対して経文は、「もし衆生あって、厚く善根を集め、諸の善行を修め……るならば」「このような衆生はよく阿耨多羅三藐三菩提心をおこす」とある。したがって願心の発起のためには、まず「厚く善根を集める」などの、いわゆる諸善万行が必要であり条件である、と考えられる。しかしさらによく見ると、次には「このような衆生、すなわちよく阿耨多羅三藐三菩提心をおこすであろう。一切種智を得るがための故に、十力を得るがための故に」とあって、この「為得一切種智故、為得十力故」という意味が明らかでない。願心をおこして一切種智と十力を得るのか、一切種智や十力を得たから願心がおこるのか明らかであるとは言えない。普通の考え方では、この文は、厚く善根を集めるなどの行を励んでゆくと、一切種智と十力が得られて願心がおこるのであるととられるが、それではあまりに常識的な内容にとどまり、どこに金剛蔵菩薩が説法を拒否した深い意味があるのか理解できない。このような意味の不明なところをもっているのが経典というものの特徴であろう。そしてこの不明瞭な点を、自己の領解を主体として説き明かすものが論釈と呼ばれるものである。論とは単なる解釈でもなく説明でもない。その経典の意味を身をもって明らかにするものであり、いわば論主自身の体認の告白である。龍樹の『十住毘婆沙論』は、『十地経』の解釈ではない。「菩薩はいかにして誕生し、いかに進展するか」という仏道の根本問題に対する彼自身の体認であり、解答である。すなわちこれは彼自身の求道の告白というべきものである。

さきの願心に対する疑問は、龍樹では次のように答えられている。「衆生が厚く善根を集め、諸の善行を行ずるというように、向上にむかって努力することが、仏道の出発点であり、仏道に欠いてはならぬ資用である。このような資用の上に、ついに仏力を得、仏の智慧を得て願心発起し、直ちに凡夫地をすぎて如来の家に生まれる」と。資用というのは資糧であり、たすけになるもの、役に立つ素材をいう。

さきに述べたように、『十地経』では、菩薩の誕生は人間の知性の断絶によって初めて領解される世界であって、人間の知性的思索によって理解できる世界でないということが繰り返し述べられている。人間の努力を積み重ね、善行を行じてゆくと進展が生まれ、深化ができることは人間の知性で理解されることである。このような努力や実行は仏道において欠くことができない資用である。しかし資用以上のものではない。この資用の上に「仏力を得る」ということがなければ仏道は成就しない。この「仏力」という一点に龍樹の体認がある。仏力とは知性を超えたものということであろう。しかし知性はこれを放棄しようとしても到底放棄できるものではない。知性以上の何ものかによって大否定されるほかに、知性をもつ人間が知性を超えたものに遇う道はなかろう。仏智不思議、言亡慮絶《ごんもうりょぜつ》、仏智のはたらきが知性を超えて人間の上に願心をおこすのである。道を求めてまず出発し、教えを聞いて実行し、最後に大断絶に逢着して自己の存在の実態にめざめる。そのような過程を経て、ついにこの仏智に遭遇するのである。これを明らかにすることが龍樹の本論における中心課題となっている。これは決して経文の解釈ではない。龍樹自身の体解であり、求道体認の告白といわねばならないものであろう。

ところで、さきに知性の否定という言葉を用いたが、これについての詳細は後にゆずるとして、ここでは、簡単にその心を説明しておきたい。

知性の否定というと、われわれは何やら神秘的なもの、不可解なものを信じこんだり、あるいは思索、追求を放棄して超神秘的な何かに自己を任すというような行き方を思い浮かべるが、決してそうではない。そんな行き方は、自己にも真理にも不忠実な自暴自棄の行き方である。私はそのようなものに到底従うことはできない。真の否定とは、いわゆる「百尺竿頭さらに一歩を進める」という行き方である。高い所に登るには、木によらねばならぬ。木がなくては高くへは登れないが、しかし木に頼って登るかぎり、木の高さが登り得る高さを限定する。木より以上の高さには登れない。つまり有限である。しかし無限の高さに登るには、まず有限な高さの極みまで登るよりほかに道はない。人間の知性も同様である。人間にとって知性以外に頼るべきものは何もない。知性はたとい有限であろうともその知性の限界点まで、まずわれわれは登らねばならない。実際にはこれは実に至難なことであって、大抵はその途中にとどまるのである。そのような中途半端なところには、否定もなければ断絶もない。否定とか断絶とかいうことは、知性の限界まで登って初めて如実になる言葉である。そのためになされねばならぬ事柄が、さきの「厚く善根を集め、善行を行ずる」という実践であり、これがつまり登るということである。その実践のはてに、人間知性の極限という一点が表われてくる。この一点に立つとき、そしてさらに無限の天地に飛躍を願うとき、われらのとるべきただ一つの道がある。それを否定ということばで言うのである。その体認が龍樹においてこの『十住毘婆沙論』を書かしめた。「仏力を得る」というのも、「仏智を与えられる」というのも、この自己否定の体認の表現にほかならない。それでは「仏力」「仏智」を得るとは具体的にはどうなのか。このことを明確にすることが『十住毘婆沙論』の中心になっている。

このように本論は『十地経』を解釈した論であるが、単に原典の意味を解説した注釈書ではなく、龍樹が『十地経』にぶつかっていって得た「体当りの記」とでもいうべきものである。菩薩道はいかにして成立するか、菩薩における進展とは実際にはどのようなものかということに対する体解の書であろう。

さて現存の『十住毘婆沙論』（鳩摩羅什訳）は十七巻三十五品からなり、十地のうち初地と二地の一部を説くものである。まず、この内容の大略について触れておこう。

序品……………十三の問答によって造論の理由を述べる。

入初地品………どうしたら初地に入ることができるか、また初地とはどのような世界か、菩薩における進展とは何かという問題を提起し、まず初地に入る方法を述べる。

地相品…………初地とはどのような世界かを述べる。

浄地品…………菩薩は初地において、自己の生活内容の浄化に努力することを述べる。

釈願品…………初地の菩薩は自己の使命を自覚して十大願をたてることを述べる。

以上の諸章では、まず初地の菩薩について説明がなされているが、これらの諸章はすべてこの論の序章といわれるべきものであろう。

発菩提心品…発心（願心）が入初地の根本であるという問題に再び帰って、どうしたら発心が成立するかという問いをおこし、発心は因縁によっておこることを明らかにする。

調伏心品……因縁によっておこされた発心のうち、継続するものと、し得ないものがある。その継続しない理由について述べる。

阿《あ》惟《ゆい》越致《おっち》相品…初地（不退転地、ここでは阿惟越致という）に入る菩薩と、入り得ぬ菩薩との二種の菩薩があることを明かす。初地に入り得ぬ菩薩は敗壊《はいえ》の菩薩といわれ、丈夫志幹に非ず、他人を気にし、自らが身を問題としない存在である。

以上の三章は、『十住毘婆沙論』の中心に触れ、菩薩の誕生は発心が起ることによるが、その発心がどんなに発起継続し難いかを述べて次の易行品への伏線としている。

易行品……発心の成就できぬ敗壊の菩薩の上に、どのようにして発心が成就するかを述べる。発心の成就はまず自己自身へのめざめであり、十方諸仏（善知識）の発見であり、ついで弥陀の本願との出遇いである。これらは『十地経』の原文にはない箇所である。このことからみても『十住毘婆沙論』が『十地経』の単なる解釈書ではないことが知られる。

除業品………弥陀の本願と出遇い、憶念称名する身となることが、懺悔、勧請、随喜、廻向となって展開することを明かし、これらが一切の業障を除滅する行になると述べる。

分別《ふんべつ》功徳品…特に懺悔の徳について述べる。

以上の三章は『十住毘婆沙論』の本旨であり、易行品がその中心である。本論の課題である菩薩の誕生は、すでに述べたようにただ願心の発起によるが、その発起がどのように成就するか、今までは具体的には述べられていなかった。これを詳説するのが易行品である。原典である『十地経』には、この易行品に相当する箇所は見当らない。したがって龍樹独自の領解であり、自己の体解を述べたものといわねばならない。除業品と分別功徳品では、入初地は信心決定して念仏申すことであるとともに、懺悔であり、無上功徳であり、一切の業障を除滅するものであることを説いて、この道が仏法の大道であることを明かしている。仏法とは、衆生の業障を除滅してこれを仏たらしめる道にほかならない。

分別布施品…懺悔などを行じた者は、衆生に対し深い悲しみの心を抱くようになり、布施行を行ずるようになる。

分別法施品…布施の中で法施が第一であることを述べる。

帰命相品……あつく三宝に帰依する相を述べる。

以下、五戒品、知家過患品より略行品にいたる十三章は、すべて入初地の菩薩の生活の中で努力され、積み重ねられてゆく生活行を表わしている。

したがって第一章から第二十七章までは、初めは初地を説明する序章であり、次に易行品にいたって初地に入る道を明らかにし、さらにそれ以後の諸章では、入初地後の具体的な行について述べている。これが初地に関する『十住毘婆沙論』の諸章の大要である。

二地についての諸章では次のような内容が述べられている。

分別二地業道品…二地では生活の垢を離れることが中心である。その行業は十善道を中心とすることを述べる。

分別声聞《しょうもん》辟支仏《びゃくしぶつ》品…十善道を行ずる者の中に声聞、辟支仏となって生まれ出る者のあることを明かし、あわせてこれら二乗の特質を述べる。龍樹が激しく叱責する二乗という存在がどのようなものか、ここで詳しく説明されている。

大乗品………声聞、辟支仏と菩薩との相違点を述べる。龍樹はこの章に多くの頁をさいて詳説しているが、これは大乗菩薩道の闡明にほかならない。

護戒品………菩薩の生活の上に具体的に護らねばならぬ戒めを述べる。

解《げ》頭《ず》陀《だ》品……菩薩は頭陀行、すなわち乞食の行を行ずることを明かしている。乞食の行は下座行に通ずるものである。

これらの諸章は、菩薩が、信心決定以後二地において、実際の生活の中で身口意の三業と取り組み、煩悩の垢濁を除き生活自体を問題として、菩薩道を、具体的に展開してゆくことを明かすものである。

龍樹の『十住毘婆沙論』は、龍樹自らその「帰敬偈」の中で「今十地の義を解し、仏の所説に随順したてまつらん」といい、さらにこれを序品の中で「『十地経』の次第に従って説き、今、まさに具《つぶ》さに解かん」と表わして『十地経』全体を対象としているようである。しかし現存するものは、以上のように十地のうち初地と二地の一部を解釈したものだけであって、他の諸地の記述はない。したがって「十地の義」をすべて解釈したものとは言いがたい。この書がなぜこのような十地の一部の解釈で終わっているのか、その理由については次の諸説がある。

一、龍樹は十地全体について論釈をつくったが、訳者が第二地までしか訳さなかった。

二、龍樹は全体について論釈をつくったが、二地以下の部分は紛失したので訳出されなかった。

三、龍樹が第二地までしか論釈をつくらなかった。

これについての私の考えは後に述べる。

次に「毘婆沙」について明らかにしたい。

毘婆沙について、武邑尚邦師の説明は次のとおりである。

「毘婆沙」とは vibhāṣā の音写語であり、『玄応音義』巻一七には「種々説」「分々説」「広説」の意味があるという。この中、「毘婆沙」は主として広説の意味に用いられるとしている。普光の『俱舎論記』に「毘」を「広」または「勝」「異」などの意味であるとしているが、それはサンスクリットのviを解釈したものである。アプテの『梵英辞典』によれば接頭字の「毘」について次のようにいう。1) separation, disjunction, 2) difference, 3) variety, 4) manifoldness と。次に「婆沙」については「説」であると『光記』は解釈している。（『十住毘婆沙論研究』一六頁）

右の梵英辞典の1)は分離・分析、2)は差異、3)は多種、4)は多様を表わすことばであるから「毘婆沙」の意味は、次の武邑師のまとめが正鵠を射ているものと思われる。

毘婆沙は「種々の説をかゝげ、それらを批判しながら、やがて勝説を確立してゆくような体裁をもつもの」をいうと考えられる。（同書、一七頁）

問題は、本論において具体的に「種々の説をかゝげ」「それらを批判しながら」やがて「勝説を確立してゆく」ということがどのようなことであるのか、これを明らかにすることが大切である。

この毘婆沙の具体的内容については、次の序品で述べたい。

次に龍樹の人となりについて述べる。

龍樹については『龍樹菩薩伝』（鳩摩羅什訳）があるが、今は『真宗宗祖伝』及び加藤智学氏の記載に基づいて略述する。

龍樹は仏滅後七百年、南インドに生まれナーガールジュナと呼ばれた。幼時から聡明利発であった彼は青年期に入ってこう考えた。「人生の目的は欲求を自由に満足できるようにするところにある」と。そこで彼が着眼したのは隠身術であった。思いのままに自己の欲望を満たすためには、人に見つからないようにするのが最も好都合である。そこで彼は、仙人について隠れ蓑を作る方法を勉強したが、その充分の教授をうけないうちに、あれこれと自ら工夫をこらし、とうとうその術を習得してしまった。自由に身を隠すことができるようになった彼は、友を誘って夜な夜な王の後宮に忍び入り、ぐっすり寝こんだ女官たちを犯した。彼らの悪事は中々曝露しなかったので、幾月かの間はその欲求をほしいままに満足させることができたが、女官の中に妊娠するものがでてきたため、ついに騒ぎになった。王は、種々の状況からみて隠身術を使って忍び込むものがあるに違いないと判断し、ある夜ひそかに床の上に白い粉をまき、兵を伏せて待っていたところ、夜ふけになって、姿は何も見えないのに、粉の上に足跡が次々とついてゆくのが見えた。王は兵に命じて空中を刀で斬りはらわせ曲者を殺したが、利発な龍樹はいちはやく王の後にまわり、王の足跡を踏んでいったので危うく難を免れた。しかし目前で友の惨殺される姿を見、その断末魔の叫びを聞いて、大きなショックをうけた。「人生の目的は欲求の満足にある」という彼の人生観がついに友を殺し、自己をも危急のどん底に追い落すことになったのである。かろうじて命たすかった彼は、自己の非を悟り意を決して釈迦教団に入り、髪をきり、俗衣を脱ぎ捨てて出家し一人の求道者となった。

まことに思いもよらぬことである。のちの大聖龍樹、第二の釈迦と仰がれた彼において、その青年時代にはこのような汚辱の過去があり、誤った人生観の日があったとは。しかし私はそこに、龍樹に対する深い親近感をおぼえる。青年に共通な快楽追求の欲望、そして汚辱の生活、しかもついにその中から立ち上がろうとする決意、そこにわれらと共なる龍樹の青年期があった。

彼は、教団に入って修行し、思索し、勉学した。彼のすぐれた才能はやがて教学の骨子を理解し了り、まもなく教団の中では彼に及ぶほどの学力をもった人はないほどになった。しかしある日彼は質問に出会った。「あなたは、智慧も勉学もすぐれ、もはや仏教教団から学ぶべき何ものもないでありましょう。なぜそれでも教団にとどまっているのですか。あなたは何を釈迦教団から学ぼうとするのですか」と。彼はこの問いに答えることができなかった。それは彼自身もまた、その通りの考えを持っていたからであろう。彼は退いて山に入り、釈迦教団の衣を捨て、新しい規律、新しい修行様式をつくった。それは、既成の教団にあきたらず、従来の教団と違った団体をつくって新しい生き方をしようとしたものと思われる。

山に籠った龍樹を忠告し、これを龍宮に導いて大乗経典を読ませたのは、大龍菩薩であったといわれる。彼は龍樹をあわれみ、その憍慢と挫折を惜しんで、仏教の深い心を経典にたずねさせた。龍樹は、翻然として大乗経典の精神にめざめ、生涯を仏教の興隆のために捧げ、大乗仏教中興の祖、第二の釈迦と呼ばれるにいたったのである。

曇鸞は、『讃阿弥陀仏偈』において龍樹の徳を讃え次のように述べている。

本師龍樹摩訶薩、形像を誕ず。始めて頽綱を理る。邪扇を関閉して正轍を開く。これ閻浮提の一切の眼なり。尊語を伏承して歓喜地《かんぎじ》にして、阿弥陀に帰して安楽に生ぜしむ。（星野元豊『講解教行信証』一五八〇頁、法藏館）

龍樹大菩薩は釈尊の歿後七百年、像法のはじめに誕生して、仏法のくずれかかった大綱を正した。外道や迷信の誤りを閉じふさいで仏の正道を開いた。これ人類の智眼というべきお方である。仏語に自ら帰依しこれを伝承して歓喜地に生まれ、阿弥陀仏に帰依し安楽浄土に往生したもうた、と述べている。

親鸞は「高僧和讃」に次の一首に代表されるような龍樹への讃歌十首を作り、彼を真宗七祖の第一祖と仰いだ。

龍樹大士世にいでて　難行易行のみちおしえ
流転輪廻のわれらをば　弘誓のふねにのせたもう

本論の原典となる『十地経』について、「大正大蔵経」には次の四種の経文がある。

華厳経十地品（八十巻）唐　実叉難陀《じつしやなんだ》訳

同　（六十巻）　東晋　仏駄跋陀羅《ぶつだばだら》訳

十住経　（四巻）　姚秦　鳩摩羅什《くまらじゅう》訳

十地経　（九巻）　唐　尸羅達摩《しらだつま》訳

本書では右のうち『十住経』を『十地経』の原典として用いた。これは訳者が同じく鳩摩羅什であるためで、他に理由はない。なお、天親の『十地経論』にあげられている『十地経』は、右にのべた四経のいずれとも異なったもので、「大正大蔵経」の中にはない。この天親の用いた『十地経』の文は多少ともさきの四経と異なるため、経意を解する上で無視できがたいような差違のある所が見られる。

第一章　序品

龍樹の『十住毘婆沙論』において、注目すべき章はまず第一にこの序品であろう。この序品は次のような偈で始められている。

私はみ仏の前に恭敬し礼拝いたします。まことにみ仏は無上の大道におわします。私はまた、道心ゆるぎなく菩薩道を歩みぬかれた人たちを合掌礼拝いたします。私はまた、無我の心に到達された無量の求道者に恭敬礼拝いたします。これらの菩薩、声聞、辟支仏のお方々はすべて仏のみ教えの中から誕生された尊い存在であります。

私は、み仏と、み仏の教えの中から生まれたもうたこのような人々を拝みつつ、今ここに十地の意味を明らかにして、み仏の御恩に報いたい所存でございます。

(敬礼一切仏　無上之大道
及諸菩薩衆　堅心住十地

声聞辟支仏　無我我所者
今解十地義　随順仏所説）

この偈には帰敬の心と造論の意趣が述べられている。この偈を、龍樹の代表的著作といわれる『中観論』『大智度論』の「帰敬偈」と比較すると、この三者の間に大きな差違のあることがわかる。

まず『中論』の初めに掲げられている偈は次のとおりである。

不生不滅、不常不断、不一不異、不来不去、よく因縁所生を説き諸々の戯論を滅したもう。私は稽首して仏を礼したてまつる。仏説は諸説中の第一であります。

ここには、当時横行していた仏教以外の異説及び小乗仏教に対し、大乗仏教の大旆《たいはい》を高く掲げた龍樹のさっそうとした姿がある。まことに仏教こそは、因縁所生、諸法無我の真理を基盤として諸々の戯論《けろん》を滅し去るものである。「正信偈」に「龍樹大士出於世（龍樹大士世に出於し）悉能摧破有無見（悉くよく有無の見を摧破す）」とあるように、破邪の立場を明らかに表わす龍樹の姿勢がこの『中論』の偈によく窺われる。『中論』は、有無の二見を破砕する仏教の教理を、縦横無尽に説き明かすものであり、いわば対外的な仏教教理の闡明に中心があるものといえる。

『大論』の序品の偈には次のように述べられている。

〈前略〉**一心に三宝を恭敬し諸菩薩を念じて、私は今大智彼岸の義を演説しようとし**

ています。お願い申し上げます。大徳の人よ、一心に私の説を聞いてください。

『大論』は、周知のように『摩訶般若波羅蜜多経』（九十巻）を釈論したものであり、浩瀚な著作である。『中論』が龍樹の考えを縦横に展開したのに対すれば、『大論』はかなり忠実に、経説に従ってそれを釈論してゆく趣があるが、しかしやはり外にむかって、仏法の道理である諸法実相の理を明らかにしようとする色彩が強い。これがこの序品の偈によく表われている。「私は今……演説しようとしています」「一心に私の説を聞いてください」という語調にそれが窺われる。

『十住論』の序品の偈は、以上の二つとはまったく異なっている。

無上大道である仏と、十地に住する菩薩と、我・我所のない声聞・辟支仏に敬礼申し上げます。私はいま十地の義を解釈して仏説に随順したてまつります。

この偈から感得される龍樹の姿勢は、さきの『中論』や『大論』においての外向的なものではなくて、篤く三宝に帰依合掌しながら、仏説を頂戴しつつ自らそれに随順しようとする内向的、求道的な姿である。『中論』では、仏教の真理を大上段に振りかざし、外邪異見をなで切りにしようとする意気軒昂といったものがある。『大論』では、『中論』の因縁所生、諸法無我の真理が、般若の智慧の所産であることを人々に説き明かそうとする懇篤な姿勢がある。これらはいずれも、外にむかって仏教の心を明確にしようとするものであるのに対し、『十住論』は、そのような外むきの姿勢でなく、自らその仏道の真理を謙虚に奉行し、頂戴しようとする姿が窺われる。したがって仏教の特色を論理として龍樹に尋ねようとするならば、それには疑いもなく『中論』が最適であり、『大論』がこれに次ぐものであろう。しかしながら、仏教を自らの上に成就しようとするならば、龍樹と共に三宝に合掌しつつ、仏説に随順するほかないであろう。『十住論』は、いわば龍樹が自らの上に仏道を成就していった求道の書であるといってよいのではあるまいか。

ここで天親の『十地経論』における「帰敬偈」を併せてあげておこう。

この法門を説く人及び法を勧請する諸の人、義蔵を分別する人、受持流通等をする人、この四種の人と法門の最勝なるとに対し頂礼したてまつる。(今)この法の妙義を解したてまつり法をして久しく住せしめ自利利他せんとねがう。

(説此法門者　及諸勧請法　分別義蔵人　受持流通等
法門等最勝　頂礼解妙義　欲令法久住　自利利他故)

この法門を説く人とは『十地経』を説く釈尊、法を勧請するのは解脱月菩薩以下の諸菩薩、義蔵を分別するのは金剛蔵菩薩、これらの人と妙法とに頂礼し、その妙義を解説しこの法を久しくとどめ自利利他したいと願う。

ここに天親の謙虚な姿勢と造意が述べられている。

はじめの偈に続いて龍樹は十三番問答といわれる十三とおりの自問自答を繰り返し、まずこの論をつくる心を述べ、その六問目にさきの偈の意味を問い、八問目の答えまででそれを自答している。

今は、その順序に従って序品の心を述べたい。

第一の問答

「君は、菩薩十地のわけがらを説きたいというが、どのような因縁でそういうことをするのか」

「地獄、餓鬼、畜生、人、天、阿修羅の六界は、険悪であり恐怖に満ちている。生きとし生けるものすべてが生死の大海の中を押し流され、浮きつ沈みつしている。宿業がこの大海の波であり、憂い悲しみ苦しみ悩みが水であり、すすり泣く声、むせび泣く声、号泣する声、身をもだえて泣き叫ぶ声が波浪の音である。この大海は愚痴無明の闇に包まれ、煩悩の業風が吹きすさんで、海は荒れに荒れている。涙や汗や膿や血が溢れていて、悪臭が満ち、岸壁がそばだっている。この海に漂う衆生は恩愛に引きずられながら、しかもこの中に変らぬ愛があり、楽しみがあり、自己の所有があり、真実があると思いこんでそれを求めてやまない。しかしいまだかつて一人もそれを得た者がいない。誰一人としてこの生死の大海を渡って彼岸に達した者もいない。もし自分でこの大海を渡りきる者が生まれ出たらば、彼はまた無量の衆生を渡すことができよう。このような人が誕生することを願って、十地のわけがらを解説するのである」

遥かに見わたす生死の苦海の悲しい相、それが龍樹の眼に映じた人生の実相であった。この巻頭の凄絶な描写こそ、親鸞に「生死の苦海ほとりなし　久しくしずめるわれら」とうたわせたもとである。宗教は哲学でもなく理論でもない。この痛ましい現実の痛苦こそ仏教の出発点であり、この苦悩の解決こそ仏教の目的ではないか。この苦悩の衆生が問題とされず、生死の大海の現実相が無視されるところに仏教の形骸化があり観念化があろう。大聖龍樹、第二の釈迦とうたわれた龍樹、大乗仏教中興の祖と讃えられた龍樹、その龍樹が、いま人生現実の苦悩の衆生を無視し得ず、これを中心の対象として仏道の真意を解き明かそうとするのがこの『十住毘婆沙論』である。この論は、このような苦悩の衆生を菩薩として誕生させ、自らも度し、また他をも度す大乗菩薩道に進展させたいという龍樹の悲願の発露にほかならないことが、序品に述べられている。

従来の書は多く、この序品を重視せず、そのため龍樹の造論の本旨を見失っている。この造意が天親の『十地経論』の造意と異なるところである。『十地経論』では、さきの偈にあげたように、この経の妙義を解釈、伝持することが中心になっている。この点を無視すると天親の『十地経論』の分科を何の思慮もなく本論に当てはめたりするような失敗が生まれる。

第二、第三の問答

「十地に入らなければ生死の大海を渡ることはできないのか」

「声聞乗、辟支仏乗でもできる。しかし自らも渡り、他をも渡すという大乗の道を求めるならば、必ずこの十地に入らねばならない」

「生死海をわたるのに時間はどれくらいかかるか」

「声聞ならば一世または二世、辟支仏ならば七世または八世。もし大乗菩薩道ならば一恒河沙大劫以上を要するであろう。いずれも機の利鈍により、また先世の宿縁によって多少とも異なるところがある」

宗教は個人の自覚と救済を目的とするものであると考えられている。このことに間違いはない。しかし、宗教がもしそこにとどまってしまうならば、利己的なもの、私的なものに終わって、世界や社会には無関係なものとなり終わるであろう。声聞という存在は、声すなわち教えを聞いて自己の救済を願う人であり、辟支仏すなわち縁覚は、思索を重ねて自覚にいたる存在である。共に宗教者であることに間違いはないが、いずれも個人的宗教、自己本位的宗教の段階にとどまっている。そのような個の救済と自覚への道も決して簡単な道程ではない。しかし、ある時間をかければ達成されるであろう。これを「一世、二世」「七世または八世」といわれている。

真実の宗教の特色は、このような個の自覚と救済を出発点として、全人類的、全世界的方向にむかって、はたらきを展開するところにある。そのはたらきは、すべての人と共に自覚と救済の道に立ちたいということ、つまり、普共諸衆生（あまねくもろもろの衆生と共に）とはたらきかけることにある。そこに生まれるものを菩薩道という。菩薩とは、自己の自覚と救済にとどまらず、あまねく諸々の人々に対して利他行をはたらきかける者である。その誕生に要する時間は、一恒河沙大劫以上であるといわれる。劫は長い時間を表わし、恒河沙とはガンジス河の砂をいう。恒河沙劫はつまり無限に近い時間を表わしている。永劫に人間の世界の中にとどまって、人間苦悩のあらん限り、無限の努力を全人のために捧げようとするもの、すなわち菩薩である。

これをかの個人的な救済と自覚に満たされて、天国または浄土に往生していく人々と比べるならば、菩薩は永遠に天国にも浄土にも往生しないもの、闘争と迷いに満ちた全人類の運命の中に自らをおいて人類と運命を同じくしようとする者であろう。

第四の問答

「声聞、辟支仏も十地の菩薩もいずれも彼岸にいたるとすると、何か悟りに相違があるのか」

「これは大切なことだ。煩悩を解決して涅槃を得ることにおいてはどちらも区別はない。涅槃はすべて無相であるから。しかし十地の菩薩が仏となるときは、禅定障と一切法障をまったく離れることができる。この点が声聞、辟支仏と違うところだ。この差違は到底言葉では言い尽せない」

禅定障とは禅定、つまり心の悟りを保つことにこだわり、愚かな人と関わりあったり、雑踏の中に出たりすることを好まず、静寂を好み、紛争から離れようとすることをいう。
一切法障とは、一切の物柄、つまり一切の人や事柄に対し、平等無碍に対処することができず、好きと嫌いがあり、差別心があることをいう。
諸仏はこの二障を甚深に離れるのに対し、声聞・辟支仏はこれらを離れ得ない。このため、衆生を救うことができないのである。このことは後に、分別声聞辟支仏品で詳説されている。

第五の問答

「三乗ともに涅槃に入る点では差違がないのなら、何も恒河沙大劫などのような長時間をかけて苦労する必要はあるまい。声聞、辟支仏乗で速やかに苦しみをのがれる方がよいではないか」

「何という弱劣の言を吐くのか。もし菩薩たちが君のような心の小さな言葉を聞いて十地の教えを精進することを止めたならば、声聞、辟支仏もどうして生死海を渡ることができよう。

一切の声聞、辟支仏はみな仏によって生まれるのである。もし仏がなければ声聞、辟支仏は生まれ出ることができない。十地を修める菩薩がなければ仏は生まれない。仏がなければ法もなく僧もない。したがって君のいうことは三宝の種を断つ言である。

大人有智の人のいうべき言葉ではないぞ。世間には四種類の人がある。一つには自利のみ、二つには利他のみ、三つには自利、利他ともに備わるもの、四つにはいずれもない人である。

悲しいかな世の人は、自利を得ることもできないで、一生懸命富や楽を求め、誤った道に陥り、いつも心に恐怖を抱いて人生を流転してゆく。もし大慈悲の心をもってこれらの人々を助けようとして、いろいろの行を励み、功徳を与えようとする人、菩薩がいなければどうなるか。諸仏はこれを第一最上の人と讃えたもう。さきの四種の人のうち第三の人をいうのである。

このように声聞、辟支仏と菩薩とは煩悩を解脱するという点では差別はない。しかし菩薩は多くの人々を助けるためにこの人生に長くとどまり、はたらきかけて利するところが多く、十地の世界をもつことが大差別である」

これが十地の菩薩に対する龍樹の領解である。

【検討】

1、龍樹は、上記のように十地を菩薩が生死海に久しくとどまって自利利他の行を行ずる世界であるとしたが、『十地経』では十地は、人間の思いを超えた智慧の世界であると強調されている。それは人間の考えでは、何よりもまず自分一人が救われることが求められ、願われる。それが人間知性の考えである。人間はまず自分が救われれば充分であり、もしその上で余力があれば、他の人を一人でも二人でも救おうというのが普通である。すべての人を救うということは言うべくしてでき難く、実際上、人は考えない。しかし、仏道とは、この人間の知性を超え、常識を超越して、久しくこの世にとどまり、無限の人々を無限に助け尽そうとする者の誕生をいう。それは仏智の所産であり、仏の慈悲の具体化である。それを繰り返し述べているのが『十地経』であり、そこに生まれるのが十地の菩薩である。

龍樹にとっては、この仏智不思議、十地の世界に人間がいかにして入ることができるのかということが仏道の具体的な問題であった。そして初地こそ、金剛蔵菩薩のいう仏智不思議、人間の思惟を超えた大いなる世界と龍樹は受けとったのである。この初地に入る道を明かすところに『十住毘婆沙論』の中心がある。この点を明確に心得ておかないと、本論の発菩提心品以下易行品などの諸章は理解しがたいものとなろう。

2、安田理深師は『十地経論』初地品の講義のはじめに次のように述べている。

十地は、菩薩を成就する転回を十によって尽くしている。〈中略〉菩薩地が発見されるのみならず、完全に極め尽くされたという意義を語る。〈中略〉

地とは菩薩が初めて立つべきところを見いだしたということである。それまでは暗中模索である。初めて自己の立つべきところを見いだした。それによって初めて自己になる。〈中略〉初めて見いだした喜びをあらわすのが初歓喜地である。〈中略〉

菩薩の十地は大別して三つになる。現前地（第六地）までと遠行地（第七地）と不動地（第八地）である。遠行地を挟んで大きな転回がある。（以上、著者抄出）

第六地で般若が現前するが、第七地で現前した般若に停滞する。〈中略〉それを沈空という。般若に沈むことである。菩薩十地の教説は、十地を段階的に並べてあるのではなく、十地のなかに一つの難関を発見している。〈中略〉『十地経』は難関を見いだし、かつ難関を超えた記録である。歓喜地で終わるなら歓喜地もなくなる。第七地を見いだし、それを超えた全道程を見いだした。転出転入の道程を全部見いだしたという確信を『十地経』はあらわしている。〈中略〉

『十地経』の釈論と『摂大乗論』の釈論は、いわば世親菩薩の基礎学である。〈中略〉

歴史的にいっても、『十地経論』は世親教学に深い意義をもっている。真宗では、『浄土論』を学ぶが〈中略〉、『浄土論』の方は釈論ではない。これは『無量寿経優婆提舎願生偈』であり、経に返せば『大無量寿経』である。しかし『浄土論』の背景に『十地経』がある。『浄土論』の二十九種荘厳功徳の中心となる不虚作住持功徳を世親自身が「解義分」において述べられるときに、「すなわちかの仏を見たてまつれば、未証浄心の菩薩畢竟じて平等法身を得証して、浄心の菩薩と上地のもろもろの菩薩と畢竟じて同じく寂滅平等を得しむるが故なり」という。この未証浄心の菩薩とか浄心の菩薩とか上地の菩薩とかは、『十地経』を想定せずには理解できない。

未証浄心菩薩……第七地以前
浄心菩薩…………第八地
上地菩薩…………第九地、第十地

それが同じだという。これは仏の本願力を観ずることによって、第七地の難関を超えるという『十地経』の課題を解決している。〈中略〉『十地経』は第七地の難関を見いだして、そこでやめた記録ではなく、超えた記録である。しかし、いかに超えたかということは出ていない。暗示的には諸仏の七勧ということが出ている。〈中略〉自分自身で超えられない。〈中略〉『十地経』の難関をいかにして超えることができるか、十地を可能ならしめたものは何か。世親が『十地経』から『大無量寿経』に行ったのは、『十地経』を支えているものを『大無量寿経』に見たからである。〈中略〉『十地経』を更に掘り下げて、十地を成り立たせているものを無量寿仏の本願に見いだしたのである。

地というのは大地という意味の日常語である。〈中略〉それから考えると国土も阿頼耶も種子《しゅうじ》も日常語である。〈中略〉それは、これまでの教学で解決できない問題に触れて新しく生まれてきた教学であることを語る。これまでの教学では包めない問題をもつことによって、新しい仏法が生まれてきた。解く自分が新しく生まれることによって新しい問題が解かれる。〈中略〉問題が解かれたことは自己が解かれたことである。〈中略〉国土は無量寿仏の本願である。国土において菩薩の地の問題を解いたのである。地をして地たらしめるものとして国土の願を明らかにしてきた。このように、『浄土論』を考える場合にも『十地経論』は有力な背景になっている。(『安田理深選集第七巻　十地経論初歓喜地聴記(一)』「十地経の意義(一)」)

以上の教示によって、十地を考えると、十地の問題点は入と住と出になるであろう。入は入初地であり、菩薩道に入ることである。これがまず大切な『十地経』の課題である。

住は進展である。そして出は第七地から第八地への転回である。これがまた大問題である。天親は『十地経』においては「出」を問題として発見し、その解決を弥陀の本願に見出したという。それならば、『十地経論』は「出」の問題発見の論ということができよう。これに対して龍樹は、弥陀の本願を根拠として入初地の道を明らかにした。入が『十住毘婆沙論』の中心である。『十住毘婆沙論』と『十地経論』の相違は、この「入」と「出」との問題意識の相違にその根本があるというべきではなかろうか。

3、『十地経』を天親の基礎学と考えると、『十地経論』を著わした天親はいまだ『無量寿経』に遇う以前の存在であったということになろう。これに対して『十住毘婆沙論』は、すでに本願成就の念仏の世界に出された龍樹が「故我頂礼弥陀尊」の道に生きぬいた領解の所産であるといえるのではないか。

『十地経論』は天親の模索時代の作であり、『十住毘婆沙論』は龍樹の成熟期の作であるとするのはいかがなものであろう。すべて著作においては、その人の年齢というか、精神的熟成の程度が問題にされるべきである。

従来の研究においては、この点が無視されているようにみえる。仏教書においてはその論説を書いた著書の年代がほとんど問われていない。天親は、はじめは小乗の世界で名を成し、後に兄の無着によって大乗に帰入したお方であることは周知のとおりである。したがってその著作には、小乗、大乗いろいろのものが混っているはずである。天親の『摂大乗論釈』では、千金銭一金銭の譬えを引いて、念仏成仏説を方便説としたため、中国の浄土教が長く沈滞したといわれるほどに、大きな影響を与えた。この書は念仏に理解がなかった頃の天親の基礎学であったと理解される。『十地経論』も同様に基礎学の段階であったために、天親においては入初地ということが問題にならなかったのではなかろうか。すなわち入初地についての『十地経』の経文は、平面的にみれば、何も問題点は見出せない。しかし七地から八地への進展においては、経文に明らかに従来の文と違った表現がなされている。したがって経文に忠実に論釈してきた天親はここに問題点を感得したのであろう。これに対し龍樹は、入初地が仏力成就によってなされた上は、上地への進展もまた、同様に仏力によるのであってこれはもはや論ずる必要はないと考えたのではなかろうか。

4、『十住毘婆沙論』は龍樹の著ではないという論議があると聞いている。これに対して私見を述べたい。

龍樹の思想の中心をたとえば空観とし、それが最もよく表われているのが『中観論』であるとする。それに対して、『十住毘婆沙論』には空観の思想はほとんど表われず、かえって弥陀の浄土とか、十方十仏とか、他の書には出ていないものが出ており、その他文体等々にも代表作とみられる書物に比べ、大きな差異が見られる。したがって、この著を龍樹の著とすることには疑念がもたれる。

もしこのような論法で『十住毘婆沙論』の著者を龍樹でないとするのであれば、この考えは大きな誤りを内蔵していることを指摘したい。それはこの考えはその人の思想を固定し、進展・成長を無視しているからである。たとえば親鸞の場合でも、『教行信証』六巻と、『浄土文類聚鈔』とでは、取り上げられている内容はだいたい同じであるとしても、その中身は非常に異なっている。前者は本願力廻向に中心があるのに対し、後者では廻向成就に重点がある。それは執筆時の年齢に関係があり、後者の方が円熟した報恩謝徳の情が溢れていて、前者よりもより晩年の作であるためと解せられる。しかし千年、二千年の後にはこれらは別人の作であるという説がおこる可能性も充分に考えられる。このように、単に著作の内容を比較して、著者の真偽を推定する行き方には大きな誤りがあることを指摘しておきたい。

『十住毘婆沙論』が龍樹の作であることは、「十二礼」や『大智度論』などからみて疑い得ない事実と思ってよいのではないか。龍樹の晩年の、最も円熟した時期の著作がこの『十住毘婆沙論』であると私は思う。

第六の問答

「仏は大悲にてまします。その大悲が十地の菩薩を生み出すことを、君は仏弟子としてよくぞ知らせてくれた。慈悲を行ずる仏、菩薩のはたらきを聞いて、心が浄化され、本当に嬉しい。ところで君ははじめに帰敬の偈を述べたが、その意味を話してもらいたい」

「敬礼一切仏、無上之大道というのは、敬は恭敬であり、礼は接足、作礼をいう。一切諸仏とは三世十方の仏、無上大道とは一切の諸法に如実に通達しこれ以上に勝れた者のないことで、大道とは仏の所行をいう。及諸菩薩堅心住十地とは、この無上道を目指して発心した人をいう」

第七の問答

「ただ発心しただけで菩薩といえるのか」

「どうしてただ発心しただけの者を菩薩ということができよう。発心して必ず無上道を成就してこそ菩薩というのである。しかしただ発心しただけの者も菩薩ということがある。それは初発心を離れては無上道を成ずる者は、いないからだ。菩薩衆というのは、初発心から無上道まで、過去、現在、未来にたくさんの菩薩がいることをいう。菩薩の詳細については後に述べよう。堅心とは、心が堅く、大地が傾動されないようなのをいう」

第八の問答

「菩薩には、すぐれた功徳がいくつもあるのになぜただ堅心とだけいうのか」

「菩薩の堅心の功徳がよく大業を成就するのであって、堅心の故に二乗に堕せず生死を恐怖しない。堅心の反対の軟心のものは、自ら思う、「どうして久しく生死にあって多くの苦悩をうける必要があろうか。速かに声聞、辟支仏によって苦を滅するのがよい」と」

軟心の者は、地獄・餓鬼・畜生・人・天の五道の苦悩を見て怖畏し、声聞、辟支仏乗によって救われようとする。堅心の者は、あらゆる苦悩の中にあって、大悲心を生じ怖れをもたず、願いをもつ。「これらの衆生深く衰悩に入り救護あることなく帰依する所なし。われ滅度を得てまさにこれらを度すべし」と、勤行精進して久しからずして所願を成ずる。このゆえに菩薩の諸功徳のうち堅心を第一とするのである。

また菩薩には八つの事柄があり、これによって一切功徳を集めることができる。一には大悲、二には堅心、三には智慧、四には方便、五には不放逸、六には勤精進、七には常摂念、八には善知識である。そこで初発心の菩薩は速やかにこの八法を行ずること頭燃を払うがごとくせよというのである。

声聞、辟支仏というのは、声聞は仏法を聞く人、辟支仏は世間に仏なく仏法のないとき道を得る人をいう。

龍樹は他の章では声聞辟支仏に対してきわめて厳しい評価をしている。たとえば易行品では「もし声聞地及び辟支仏地に堕せばこれを菩薩の死と名づく」とさえいっている。これに対し、今は敬礼するといい、「無我・我所者」と称讃しているのはなぜか。

後の釈願品において浄土の相を説く中に、声聞具足が述べられている。この声聞は「一切諸仏に必ず随伴し、持戒・禅定・智慧・解脱を具足し清浄にして悉く利根なり、菩薩を利益する」とある。そして「菩薩を利益すとは、諸の菩薩を始め初発心の者にいたるまで憶念し軽慢せず、深く敬愛している。常に善と悪とを明らかにし、仏道の方法として四聖《ししょう》諦《たい》や八正道を説き十二因縁の教えを説いてくれる」と詳説している。このような如来随伴の声聞は、『無量寿経』にも説かれ、また、弥陀の四十八願にも第十四願に声聞無量の願として述べられている。

これらの声聞はいわば元声聞で、この人生においては声聞であったが、浄土に生まれて菩薩となった存在をいうのであり、文字どおり如来の音声を聞いて生きている利智の存在を指すのである。

今、龍樹が「帰敬偈」において敬愛の誠を捧げている声聞辟支仏は、このような、もとは二乗であったが今は浄土の菩薩となった存在をいうものと理解される。
この「声聞具足」における声聞の徳として釈願品には次の内容があげられている。
1、具足解脱……一切煩悩を解脱し一切障を解脱している。
2、具足解脱知見…解脱に依ってよく道を知り、四聖諦を尽知している。
3、清浄…………身口意の三業が真実清浄である。
4、利智…………わずかの教えを聞くだけで広く解了し、その義趣に通達している。略して言われているものを広説することができ、広説されているものを略説することができる。真のわけがらや道理がかすかにしか言われていなくて、内容が隠れていても明らかにすることができる。
5、菩薩を利益する。
6、形姿厳浄……身体や姿かたちが整い、端然としていて、見るものが畏敬の心をおこす。飲食、沐浴、着衣、持鉢のすべてに威儀欠けることなく、見る人は心が洗われる思いをもつ。
このように真の声聞は人格者として、また、求道者としてすぐれた存在である。龍樹は浄土のこれらの声聞辟支仏に敬礼しているのである。それではなぜ龍樹は、この世の声聞すなわち現声聞に対して、厳しい批判をするのか。

その理由は何であろうか。

1、すでに述べたように一切法障と禅定障が深い。

2、このため菩薩を敬愛しているが、菩薩でないものは敬愛せず、道を求めない者を軽蔑する。大悲心がない。

3、教えるのは四聖諦と十二因縁の教えで自己の解脱が中心であり、利他行を教えない。

4、したがって声聞は仏となるべき菩薩になれない。声聞は、自らも仏にならないと共に、また、仏となるべき者も生み出さない。それゆえこの人によっては仏道が発展、成長しない。

これらが声聞に対して龍樹が厳しい評価をする理由であろう。しかし、人はすべて求道の途上において声聞の段階に一度は入るものであり、また、長くこの段階にとどまって中々これを脱することができないのが実際である。また、辟支仏は無仏の時に道を悟る人をいうが、龍樹自身も辟支仏の時代が長かったのではないか。声聞辟支仏の段階は、親鸞の教えでいえば二十願の世界の人をいうのであろう。二十願の人は、十八願の世界の一歩手前まで進んでいる存在である。そして果遂の誓いによって十八願の菩薩の世界に出ることを如来によって願われている貴重な存在である。

これらはまことに成長を願わずにはいられない存在である。この願いをもこめて、龍樹はこの世の声聞辟支仏に対しても「敬礼声聞辟支仏　我・我所なきひと」と述べているのではなかろうか。

第九の問答

「君の説こうとしているものは結局『十地経』の内容にほかならない。経のわけがらはすでに経において説き明かされているのであるから、何も今さら論をつくって説く必要はないではないか。自分の能力をひけらかして人に示し、名聞利養のためにするのではないのか」

「そうではない。自己顕示をしようとしたり、名利を貪るためにこの論をつくるのではない」

この第九の問答以下はさきの偈の「今十地の義を解し、仏の所説に随順したてまつらん」の心を述べている。

第一問から第八問までは、十地のわけがらを説く因縁と帰敬の対象について問答してきた。第九問以下では、この論を造る造意について自問自答し、その心を明らかにしている。これらがまた、重要な箇所である。

第十の問答

「もしそうでないのならば君は何のためにこの論をつくるのか」

「この世の人たちを見ると、すべての人が六道において苦しみを受けているのに、誰

もこれを助けようとする人がいない。私はこの人たちをどうしても救いたいと思い、智慧力をもってこの論をつくるのである。決して自分の力を人に見せて名利心を満足させようとするのではない。また、他の人を嫉妬したり、自慢の心で人の尊敬を求めるのでもない」

この偈のはじめには、さきに述べたように、生死の苦海の凄惨な姿、それは愚痴無明の諸煩悩を内に抱くがゆえに、これが因となり、有漏の業風を縁として、迷いの大海の中に浮き沈みする随愛の凡夫われらが受けている苦しみの姿が記されている。龍樹は自らの眼に映ったこの人生の現実にむかって、一人でもよいから、この生死の大海を渡って彼岸にいたる者を誕生させたいと念願した。この一人を生みだせば、この人は必ず他の人をも救う存在となるに違いないと、この一人の誕生を願っているのである。

第十一の問答

「衆生をいつくしみ、助けようとすることは『十地経』の中にすでに充分に説き尽されている。どうしてまた、自ら苦労をしてそれを繰り返す必要があるのか」

「すぐれた深い智慧の持ち主は、経を見て、仏の心を知り、即座に、大切なわけがらに通じ達し、実行できるであろう、この十地の教えは仏の教えの中で、最も深い意味をもった教えである。この十地のわけがらが仏教の第一義の内容である。この内容を多くの論師たちが、慈悲心をもって、仏の所説に随い、論議をし、わかりやすいことばで説いたので、人々はこれらによって十地の義に通じ達することができた。私はそれらの書は、それぞれの人の程度に応じて役立ってきたと思う」

ここには謙虚な龍樹の姿が表われている。

第十二の問答

「衆生の程度や好むところがそれぞれ異なっていて同じでないというが、君が対象にしているのはどんな人か」

「私は、無上道心をおこした。そして一切の人を捨てず力に応じて、役立つことをしたいと思っている。けれども福徳すぐれ、能力があって、ただこの『十地経』を聞いただけで深いわけがらを理解するような人たちには解釈の必要がない。私はこの人のためにこの論をつくるのではない」

第十三の問答

「どんな人を、福徳すぐれ、能力のある人というのか」

「仏語を聞いてよく自ら理解できる人のことをいうのだ。ちょうど健康な大人は、どんな苦い薬もそのまま飲みこむことができるが、しかし子どもには蜜で調合しないとこの薬は飲めない。このような福徳すぐれた利根の人を仏教では善人という」

善人はだいたい次の十のものを具えている。

一には信、二には精進、三には念、四には定（禅定）、五には善身業（身の行い）、六には善口業（ことば）、七には善意業（心）、八に無貪、九に無恚、十に無痴である。

「私はこのような善人は対象としていない。私が相手にしているのは鈍根懈慢《けまん》の人である。この人たちは経を読んでも、自分の力では内容が理解できない。この人たちにとって経のどこがむつかしいのかというと、文が長いこと、難解な文字が多く読み難いこと、内容がわかりにくく説明がよくわからぬこと、このため何回読んでも理解できない。この人たちのために、毘婆沙をつくり、経の長い文を簡略にし、読みやすい文字にかえ、譬えや例をひいて内容をわかりやすくし、歌やまとめを出してこの人たちの理解を助けたい。そのために、この論をつくるのである」

【検討】

1、ここに『十住毘婆沙論』の造意が出ている。

龍樹は、福徳すぐれた利根の人のためにこの論をつくったのではなかった。この利根の人たちを善人と呼んでいるが、この人たちは、さきの十の徳を具えている存在である。すなわち「信」以下「無貪・無恚・無痴」の徳の所有者である。この徳を、『十地経』の入初地の文と比べると、厚集善根以下の行を成就して阿耨多羅三藐三菩提の心をおこす衆生とほぼ同じである。つまり善人とは、経のとおりを実行して初地に入ることのできる人を言っていることがわかる（このことについては後に詳述する）。すなわち龍樹は、経に述べられたとおりを実行し、善根を積んで十地の世界に入り得る人を対象とせず、この人たちのために『十住毘婆沙論』を説かず、鈍根懈慢、つまり愚鈍で不精進、しかも憍慢《きょうまん》であって、到底『十地経』にあるような行のできない人、したがって自分の力ではまったく十地に入り得ない庶民大衆のためにこの論を説くのであると繰り返し言っている。

ここがまた天親の『十地経論』と龍樹の『十住毘婆沙論』の相違点である。天親は『十地経』の経文に従って、菩薩の行を解釈した。それが『十地経論』である。したがってこの論は、経文のとおり実行できるかできないかは問題とせず、ただその道理を述べられたものである。それゆえ、『十地経論』は経文のとおりに実行できない者にとっては、ほとんど実践的な求道上の意味をもたない高嶺の花であり、抽象的な論説である。古来、この『十地経論』によって十地に入り得た者が一人でもいるであろうか。これに対して『十住毘婆沙論』は、現実に生死海に生死流転している庶民大衆という存在に対し、これを救いたい一念で書かれたもので、鈍根懈慢の者を十地の世界に入らせたいという至情に溢れた書であるといえる。

はたせるかな、この書は、曇鸞をはじめとして多くの人々を転回させ、真の仏者を生み出してきた。親鸞はこれを次のようにうたっている。

不退のくらいすみやかに　えんと思わんひとはみな
恭敬の心に執持して　弥陀の名号称すべし

ここに龍樹の『十住毘婆沙論』は、仏道をわが身に成就しようと念ずる鈍根懈慢の者にとって無上の指南書であり、親鸞はこの書によって、龍樹を浄土門開顕の第一祖としたのであった。

2、また、さきの問答によって「毘婆沙」という意味が少し具体的になっている。すなわちここでは、「毘婆沙」とは、経文が読み難いとき、これをわかりやすく書き改めた文章をいっている。「読み難い」とは、鈍根懈慢の人々は、理解力が不足し、長い文章やむずかしい文字、理解し難い内容などがたくさんあると、経が読めず、実行もでき難い。この人々のため、文字を吟味し、譬えをひき、歌やまとめをつくって理解を助けることを「毘婆沙」をつくるといっている。

ここにおいて初めて、なぜこの論を『十住論』といわず、『十住毘婆沙論』というのか、その理由がわかる。『十住毘婆沙論』と『十住論』とは違うのである。『十住毘婆沙論』は『十地経』を毘婆沙した論で、『十地経』の解釈書ではない。つまり愚鈍《ぐどん》・懈怠《けたい》・憍慢の人々のために『十地経』を「毘婆沙」して、この人たちが初地の菩薩となる道を明らかにしたもの、それが『十住毘婆沙論』である。この論は、龍樹が、『十地経』を経文と違った表現でその内容を述べ、ついには経にまったくない発菩提心品や易行品などをあげ、次第に経の本意に近づき、最後に弥陀の本願を述べて、入初地のできる道を明かし、『十地経』の真義を明かしている。これが「毘婆沙」である。

龍樹がつくったのは、『十住論』ではなく『十住毘婆沙論』である。それゆえに、天親の『十地経論』と龍樹の『十住毘婆沙論』とは、同じく『十地経』の論釈でありながら、両者は根本的に相違したものであって、決してこれを同一視してはならない。このことが従来の書では明確でない。このため『十地経論』の分科を何の思慮もなく『十住毘婆沙論』に適用したりして、両書の趣意を混同しているものが少なくない。

龍樹の『十住毘婆沙論』と天親の『十地経論』との相違点を次にまとめておく。

一、『十住毘婆沙論』は『十地経』を「毘婆沙」したもの、つまり経文以外の種々の文を出し、わかりやすく具体的にその真義を明かそうとしたもので、入初地が万人に可能な道となることを願って説かれたものである。具体的には、経意を簡略な偈で略出し、その偈の意味を種々の譬えや説明で明らかにしようとしている。また経文にまったくない発菩提心品、調伏心品、阿惟越致《あゆいおっち》相品、易行品、除業品などを出し、凡夫が初地に入る道を明確にしている。これに対し『十地経論』は『十地経』の文義を解説したもので、菩薩の進展を明かすことが中心になっている。

二、『十住毘婆沙論』は十地のうち初地と二地の一部が説かれているだけで十地全体の解釈はなされていない。龍樹は凡夫を対象とし、人生の現実の中で凡夫が、菩薩となる道を示そうとした。このため、入初地に重点が置かれている。そしてそれが弥陀の本願によってのみ可能であることを明かしたのが龍樹である。

これに対して『十地経論』は、『十地経』の経文に随って十地全体について解説されており、対象は菩薩にある。

三、『十地経』の問題点を「入」と「住」と「出」の三点にあるとすると、龍樹の『十住毘婆沙論』は「入」と「住」を、天親の『十地経論』は「住」と「出」を論じたものといえよう。すなわち龍樹は入初地と二地の一部を説いて、初地に入る道と、地の相貌と内容を示し、天親は十地のすべてにわたって、その内容と進展について述べている。

第十三の問答の続き

「私はこの論をつくるとき思惟を重ね、三宝と菩薩を念じ、また、六度の教えを念じて深く善心をおこした。これはまさに自利である。また、この十地の正法を説き明かして如来に無上の供養をすることができた。これは利他である。今この論をつくっているとき、ここに諦捨滅慧の四種功徳が自然に修集された。まことに私はこの『十住毘婆沙論』を説くことによって心清浄なることを得て、精勤倦まず大きな利益を身に得ることができた。もし人あって、この論を聞いて受持し、心清浄なることを得る人が一人でも出ることを深く願って一心にこの論を造るのである」

ここに龍樹の造論の心根が述べられている。

第二章　入初地品

入初地品では、まず十地という意味が述べられる。十地とは菩薩の進展の段階であり、またその世界である。

初地…衆生が初めて菩薩となって誕生し、仏教の味わいを得て心に歓喜を生ずる世界であるから歓喜地という。

二地…実際の生活と取り組んで十善道を励み、生活の中で身口意の三業の汚垢を除こうと精進するから離垢地という。

三地…次に広く深く仏教を学んで、多くの人々のために法を得、よく迷いの闇を照らし明らかにする世界に出るから明地という。

四地…布施、持戒などの大乗菩薩道をよく行じ、聞法につとめ威徳がますます具わってくる。それはちょうど炎の勢いが増すような世界であるから炎地という。

五地…さらに功徳が増し、一切諸魔もこれを破壊することができぬ世界ゆえ難勝地という。

六地…魔事がなくなり、菩薩道が身についた自然のものとなるから現前地という。

七地…迷いの世界を遠くへだて仏の世界に近くなるから深遠地という。

八地…いかなるものもその願心を動かすことができないから不動地という。

九地…智慧がいよいよ明らかになるから善慧地という。

十地…十方無量の世界によく一時に法雨を降らせ、煩悩の火を消しとめ、一切地をうるおすことができるから法雲地という。


以上のように、十地というのは菩薩の向上進化の世界である。衆生が菩薩になればそれを仏道というのではない、永遠の大道に立つところに仏道がある。菩薩の進展の順序段階を十地といわれる。十はもとより数であるが、これは十という数に限られたものではなく、極言すれば無量の段階ともいうことができ、あるいはまた、ただ一つの世界ともいうことができる。親鸞を例にあげるならば、二十九歳で初めて法然によって迷いの闇を開かれ大信の世界に転入したその時から、三十五歳で越後への流罪にあい、ついに九十歳に近づくころ「自然法爾章《じねんほうに》」を著わされるまでの信仰生活の深化は、あたかも暁闇の世界から天日輝く世界にまでいたるような、無量の進展の段階を経たものということができよう。しかしながらその中を貫くものは、本願他力の信であり、「ただ念仏して弥陀に助けられまいらすべし」という師教であって、その深化は他力の信の自然の展開ともいうことができる。ただ一つのものが貫いて、しかも無限の進展を繰り広げてゆく。これを今は十をもって表わしたものということができよう。

さて入初地品には三つの重大な問題が提起されている。それは、

第一には「いかにして初地に入ることができるか」

第二には「初地の菩薩とはいかなるものか」

第三には「初地の菩薩はどのようにして進展するか」

という問いである。

この三つの問いの第一に答えるものが、まず入初地品である。しかし初地に入る道は後に易行品（第九章）でさらに具体的に詳説される。第二の問いに答えるものは地相品（第三章）、第三の問いに答えるものが浄地品（第四章）である。親鸞聖人が『教行信証』の行巻に、この『十住毘婆沙論』から引用されているのが、これらの四つの章からの文であることは重要なことである。

これら三つの問いは、仏道の根本的課題につながるものであり、求道の要点を押えている問いである。この答えは次のような偈で述べられている。

もし厚く善根を種《う》え、善く諸行を行じ、
善く諸の資用を集め、善く諸仏を供養し、
善知識に護られ、深心を具足し、
悲心あって衆生を念じ、無上の法を信解す。

この八法を具し已って、当に自ら発願して言うべし。
われ自ら度することを得已って、当に衆生を度すべし。
十力を得るがための故に、必定聚に入り、
則ち如来の家に生じて、諸の過咎にあることなし。
則ち世間の道を転じて、出世の上道に入らん。
これをもって初地を得。此の地を歓喜と名づく。

はじめにこの偈の心を述べよう。普通の場合、龍樹のこの偈は、『十地経』の金剛蔵菩薩の説法の初めの部分の要点を簡略にまとめた要略偈といわれている。しかし実際には、経文とは非常に異なった内容であって、まさしく、「毘婆沙」といわれるべきものである。その点に留意しながら以下その心を述べる。

1、厚く善根を種える

法の如く諸功徳を修集することを厚種善根という。善根とは不貪、不恚、不痴をいうと龍樹は述べている。一切の善法はこの三つから生まれ、一切の悪法は貪恚痴から生まれる。

2、善く諸行を行ず

諸行とは持戒をいう。次の七つの物柄を具えて持戒を行ずるとき「善く諸行を行ず」るという。

一、慚　二、愧　三、多聞　四、精進　五、念　六、慧　七、浄命浄身口業

3、善く資用を集める

上の偈に説いてある八法、すなわち「厚く善根を種え」から後の「無上の法を信解す」までのすべてが資用であると龍樹はいう。これは経文にないところである。資用とは『十地経』では「助道法」となっており、仏道を成就するための補助となるものをいう。資はもとで、用ははたらきで、素材であり、資糧ともいう。それ自体が仏道の中心となるものではないが、それらを集め、積んで行くと仏道成就の材料と成るものを資用という。

八法をこのように資用と見る見解は、天親の『十地経論』にはない。また、『十地経』の原文からもこのような解釈は窺うことができない。『十地経』では、この八法の次に「多向慈悲」「好求仏智慧」が続き、「如是衆生乃ちよく阿耨多羅《あのくたら》三藐三菩提心《さんみやくさんぼだいしん》を発す」となっている。したがってこの八法をふくめ十法が無上心を成ずる本行となっている。

ここにまず龍樹の独自の領解がある。龍樹は、上記の八法が、布施・忍辱《にんにく》・柔和・不放逸・少欲知足等の基本的な本行を伴うことが大切で、これらの本行もこの八法を離れると勝妙功徳を成就することができない。上記の八法は、これらの徳行と和合同伴して初めてすぐれたはたらきを持つものとなるから、この八法を

資用というのであるといっている。『十地経』に述べられる諸法が資用であるということは、大切な教示をふくんでいる。

4、善く諸仏を供養する

供養には二種あり、一には諸仏の説く法をよく聴聞することであり、二には華や香そのほか生活の資を捧げることであり、また恭敬、供養、礼侍等をいう。この二つを具えていることを供養諸仏という。

5、善知識に護られる

善知識とは四種善知識のうち、よく十地に入らしめ得る人で、諸仏、菩薩、声聞の中で、教えを説き、大乗の法を得しめ、十地不退ならしめる存在をいう。ここに声聞をあげているところを注意したい。また四種善知識については後に詳述している。護られるとは常によく慈しみ教えられ、善根を増長され、進展せしめられることをいう。善根とはさきにいった不貪不恚不痴である。これらの善根が善知識の教えに護られて増長する。

6、深心を具足す

「深心は菩薩のおこす発心をいうもので、他の経には多くの相を説いているのに、今は単に「深心を具足す」とだけいっているが、これでは深心の内容が少ないではないか」

「決して少なくない。『十地経』では諸の地において地ごとに深心の相を説いている。今この初地においては二つの深心の相が説かれている。一つは発願であり二つには必定地である」

7、悲心あって衆生を念ず
　衆生をあわれみ悲しんでその苦しみ悩みを救おうとするをいう。

8、無上の法を信解する
　諸仏の法に信力通達するをいう。

この八法を具したとき、「発願して我自ら度することを得已って当に衆生を度すべし」という。仏法は発願を根本とする。もし発願がなければ仏道の成就はない。この発願が十地の根本である。発願の内容は自ら度すること、そして他を度すること、すなわち自利利他である。この発願を経には、「かくの如きの衆生よく無上菩提心（阿耨多羅三藐三菩提心）をおこす」という。この心は自利利他の願にほかならない。

【検討】

1、『十地経』の経文をみると、すでにいうとおり「大正大蔵経」では、『華厳経』（六十巻）（八十巻）の各十地品、『十住経』及び『十地経』と四つの経がある。いずれの経文にも「もし衆生ありて「厚集善根」」（『十住論』では厚種善根）とあって「厚集善根の故」という「故」はない、以下の九法も同様である。しかし天親の『十地経論』に引用している「経」には「厚集善根故」とあり、以下九法すべてに「故」がある。「厚集善根の故にという経文であれば、これらの善法の故にかくの如きの衆生乃ちよく無上菩提心をおこす」と続いて、この発心の原因がこれらの十法に帰し、「この故によくおこす」と解釈される。しかし天親はそうはいわなかった。「菩提心はどのような身を依りどころとするか」(依何身)といった。無上菩提心はこのような十法を行ずる衆生を依りどころにしておこる。発心の因は以下の経文の「是心以大悲為首」、大悲を首とすると解釈している。天親の用いた『十地経』には「厚集善根故」以下「故」があるから、この「故」を本因ととって、解釈されやすい。それをこのように「依何身」と釈したところは、龍樹の「資用」と通ずるところがある。「故」の字に惑わされず、経の真義を取り違えることのなかった天親に深い尊敬を捧げたい。

2、『十地経』では、すでに述べたように金剛蔵菩薩が解脱月菩薩の請いにも拘わらず十地の義を説くことを拒否し、「十地の義は微妙にして甚だ解し難く、人間の思量の及ぶ所に非ず、ただ智者のみ行ずる処なり」と述べて何度も請を退けている。しかし「厚集善根」というような行者のはたらきで無上菩提心をおこし、初地に入ることができるのであれば、十地には何の不可思議もなく、金剛蔵菩薩が説くことを拒む理由はほとんど見出せない。これに対し「厚集善根」以下が因でなくて、これらを依りどころとして何かがはたらいて無上菩提心がおこるのであれば、その「何か」がたいへん大事なもので、これが常人の関知することのできない不可思議のものであることが窺える。そこに金剛蔵菩薩のことばが生きてくる。天親の用いた『十地経』の経文では「故」の字のゆえにこの義が誤解されやすいものであることを指摘しておきたい。天親の「依何身」は妙釈と讃えられるべきものではなかろうか。

さて本論に戻ろう。次にいくつかの問答が続けられている。

「何の利を得てこの願（発無上菩提心）を成就し必定地（初地）に入ることができるのか。またいかなる心でこの願をおこすのか」

「仏の十力を得てよく発願する。必定地に入ってこの願をおこすことができる。つまり仏の十力を得るが故に必定地に入ることができ、必定地で発願する」

「仏の十力とは何か」

「真実智慧のはたらきをいうのだ。この仏力を得ることができて、大心発願し即座に必定地に入るのである」

『十地経』の経文ではここは次のようになっている。

「かくの如きの衆生（厚集善根以下十法を成就した衆生）すなわちよく阿耨多羅三藐三菩提心を発す。

一切種智を得るがための故に、　　　為得一切種智故

十力を得るがための故に、　　　　　　　　　　為得十力故
大無畏を得るがための故に、　　　　　　　　為得大無畏故
仏法を具足するを得るがための故に、　　為得具足仏法故」

この経文を、龍樹はさきの問答からみて、次のように解釈していることがわかる。

「何の利を得て無上菩提心（阿耨多羅三藐三菩提心）を発し、必定地に入ることができるのか。またいかなる心でこの願をおこすのか」

「仏の一切種智、十力大無畏を得ることができ、仏力を具足することができるためである」

つまり経には、厚集善根以下の十法が成就して無上菩提心をおこすと述べてあるように見えるが、事実はそうではない。仏力を得ることが無上菩提心を得る根本であると龍樹は領解している。仏力のゆえに必定地に入ると同時にこの菩提心をおこす。したがって以下の論述は、その仏力がいかにして得られるかが中心となる。このことが発菩提心品以下、易行品あるいは除業品にいたるまでの、『十地経』の経文にない章が展開される所以である。ここに龍樹の「毘婆沙」のはたらきがあるといえよう。

【検討】

1、天親の『十地経論』では、『十地経』の「為得仏智故」以下は「仏智を得んがための故に」と読まれており、仏智を得ることが無上菩提心をおこすことの目的とされている。

(『安田理深選集第七巻』三一五頁)すなわち「厚集善根」以下の十法を成就した衆生は、その十法を所依として菩提心をおこす。その目的は仏智を得るためであり、仏力を得るためであると天親はいっている。

このように龍樹と天親とでは『十地経』の領解が異なっている。したがって、繰り返しいうように、『十地経論』の科段をもって『十住毘婆沙論』を読んではならない。『十地経論』の分科を『十住毘婆沙論』に適用するなどはもってのほかである。仏智を得ること、仏力を得ることなどは、天親の分科では「為何義」となっていて目的を表わしているが、龍樹では「為何因」というべきで、理由を示すものとなっている。

2、さきに本論の序品において述べたように、龍樹はこの論をつくるに当り、「もし福徳利根の者ありて、直ちにこの『十地経』を聞いてそのわけがらを理解できるならば、私はこの人のためにはこの論をつくらず」といっている。その福徳利根の人を序品では善人と言っているが、善人とは「一者信、二者精進、三者念、四者定、五者善身業、六者善口業、七者善意業、八者無貪、九者無恚、十者無痴」とあった。

今この十法を『十地経』の「厚集善根」以下の十法と対比してみると次のようになる。

十地経　　十住論序品

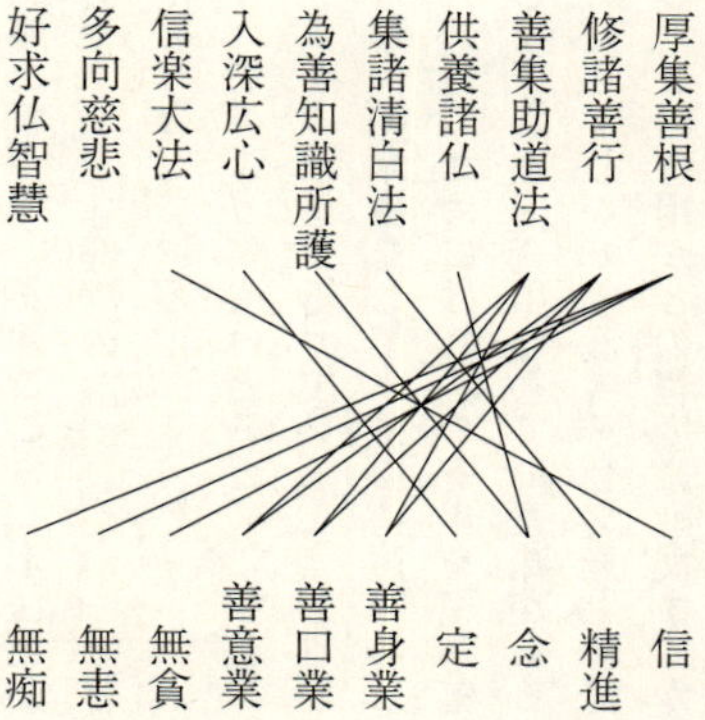

右の対比からみると、経の「多向慈悲」「好求仏智慧」以外の項は、だいたい論の序品の十法に摂まる。したがって龍樹が「このような人を相手にしない」というその対象は、『十地経』の如是衆生、すなわち「厚集善根」以下の十法を行じ「無上菩提心」をおこす身となり得る衆生をいうと考えてよかろう。龍樹は『十地経』の「如是衆生」を対象とせず、そのような十法成就の不可能な鈍根懈慢の存在のためにこの『十住毘婆沙論』をつくったのである。

3、その鈍根懈慢の者は自ら無上菩提心をおこすことができない。ただ仏力によって必定地に入れられ、仏力のゆえに発願するしかないものである。しかしその仏力は、何もせずに得られるというのではない。「厚集善根」以下の八法が資用として必要である。それがいま入初地品の初めに述べられている。けれどもこの資用がどの程度にまで成就されるのかは、後に阿惟越致相品を説いてその中で敗壊《はいえ》の菩薩として明らかにされる。つまり充分にはできないのである。しかしそれが仏力を得る資用となる。敗壊の菩薩の上に仏力が成立する。それはいかにして実現するのか。その過程・内容が発菩提心品以下易行品までの記述となっている。ここに『十住毘婆沙論』の中心がある。したがって本論は毘婆沙論であって『十地経』の論ではない。『十地経』の本文と異なった解説によってその真意を明かそうとしている。

4、このように受けとると、この論において序品以来、龍樹が述べているところはすべて一貫した筋道をもっていることが理解される。龍樹は生死の苦海にあえぐ鈍根懈慢、随愛、顚倒の衆生をして十地の菩薩たらしめんとしてこの論をつくった。

入初地のためには八法の資用を積み重ねてゆくことが大切である。この資用はたとい完成しなくても、資用としての意味がある。やがてこの上に仏力を得て必定地、すなわち初地に入ることができる。そして無上菩提心をおこし、如来の家に生まれて菩薩となるのである。この資用がどの程度に進展するか、その状況が、発菩提心品、調伏心品から阿惟越致相品にと次第に明らかにされ、退転して敗壊の菩薩と堕してゆく様子が述べられている。つまり外の姿は、菩薩行を行じているようでも、それは形だけで、内面は菩薩としての内容を持たない求道者、それが敗壊の菩薩であり、鈍根懈慢の者の実相である。しかもその敗壊の実相が、仏力を得る資用となる。まことに大悲のゆえである。このことを明かしたのが龍樹の『十住毘婆沙論』であるということができる。

5、武邑尚邦師は入初地品のこの偈について次のように述べている。

この「入初地品」の偈は明らかに「経」の要略偈である。〈中略〉すなわち、世親の「十地経論」の分科の「住」の中の「依何身」「依何義」「為何相」にあたる。これらの三節には菩薩の菩提心発起のよりどころと内容が示され、初地における深心を述べたものとして大切な部分である。(『十住毘婆沙論研究』五五頁)

この記述には、次のような問題点がある。

一、「入初地品」の偈は「経」の要略偈ではないと思われる。大きく相違しているようである。したがって「経」を解釈した世親の分科をこの偈に該当すると誤りを生ずるのではないか。また世親の分科の「住」には「依何身」「為何義」「以何因」および「有何相」の四節があるが、「依何義」「為何相」は見当らない。(「大正蔵」二六巻 十地経論巻二 一三四頁)

なお、「入初地品」の偈はさきに述べたので、『十地経』の該当経文をあげておく。(同

書一三四頁）

経曰、諸仏子若有衆生厚集善根故、善集諸善行故、善集諸三昧行故、善供養諸仏故、善集清白法故、入深広心故、信楽大法好求仏智慧故、現大慈悲故、如是衆生乃発阿耨多羅三藐三菩提心、為得仏智故、為得十力力故〈中略〉**菩薩摩訶薩生如是心。**

二、『十住毘婆沙論』には、『十地経論』の「為何義」に相当するものはない。「為何義」は目的を表わすもので、『十地経論』の場合、「是心」すなわち無上菩提心を何の目的のためにおこすかという意を表わしている。その答えが「為得十力力故」等である。すなわち十力を得んがための故に無上菩提心を起こすのである。しかし本論では「為得（仏）十力故」は目的ではなく、必定に入る因を示す文であって、それは本論の次の問答で明らかである。

問　得何利故、能成此事、又以何心能発、

答　得仏十力能成此事、入必定地能発是願、（『大正蔵』二六巻　十住毘婆沙論巻一　二四頁）

「此事」とは発願をいう。問いは「何の利益を得るが故に発願が成就するのか、また何の心をもってこの無上菩提心をおこし得るのか」であり、因を問うている。答えは「仏の十力を得て（その故に）よくこの事を成ず、必定地に入る（心）をもってよくこの願をおこす」となっていて、因を答えている、目的ではない。

三、さきの文では、世親の分科の「以何因」が除かれて「三節」となっているが、この

「以何因」は世親が無上菩提心（阿耨多羅三藐三菩提心）の因は「大悲を首となす」ということを指している大切な文である。この「以何因」は、本論の初地における深心を述べたものとして、除いてはならないものではなかろうか。

同書にはさらに次のような記述がある。

そこで本論『十住論』は次に仏の十力を説明する。そしてその十力を説明して後に「是の如き仏の十力を得んがために、大心に願を発し必定聚に入る」と結んでいる。すなわち、菩薩の本願の満足を得るために仏の十力を得ようとして、大心に発願して、まず必定に入るというのである。

ここには次のような誤りがある。

一、「是の如き仏の十力を得んがために」は誤りである。「是の如き仏の十力を得るがために」が正しい。天親の解釈と龍樹の考えが混同されている。

二、「菩薩の本願の満足を得るために仏の十力を得ようとして、大心に発願して、まず必定に入るというのである」、この解釈では、『十住毘婆沙論』の中心点は理解できない。

・

次に「仏の十力とは何か」についての問答がある（今は略する）。これによって仏の如実智力をあわせて仏十力ということがわかる。

「すべての人が初発心のとき、仏力を得て、このような菩提心を起こし初地に入るの

か」

「そうではない。たとえば釈尊も初発心のとき初地に入ったのではない。初発心の後に功徳を修集して如来に値遇し、必定地に入ったのである」

「それならばなぜ大心発願して必定に入るというのか」

「それは菩薩の中には初発心で必定に入り無上菩提心をもって初地を得るものがある。この人のことをいっている」

「その菩薩の初心と釈尊の初発心と無上菩提心においてどのような相違があるか」

「この無上菩提心は一切煩悩をまじえず、一切外道、一切衆魔によって壊せられず、この心は常によく善根を集め、仏法を摂し、平等で一切衆生に等心をもち、心清浄で無垢であり、一切衆生を捨てず、無量の功徳をはらんでいる」

是心（この心）は、経では阿耨多羅三藐三菩提心といい、本論では「自ら渡り已ってまさに衆生を渡すべし」と願う願心、つまり自利利他の心をいう。

今まで生死の大海の中に流転浮沈していた者が、仏力を得ることによって、自らこの苦海を超えるとともに、他の人々をも超えさせたいと願って起こす大心発願を「この心」という。それが菩提の心であり、無上道心である。「この心」は釈尊の初発心においては得られなかった。「この心」は無垢清浄の心でつまり仏心にほかならない。それは地上の人間においては、初発心のときには得られないもの、釈尊でさえも長い年月の修行のはてに、その修行を資用として、燃燈仏に逢うて成就したものであると龍樹は述べている。釈尊の成道を、龍樹がこのように述べているのは大きな驚きである。釈尊でさえもそうであるとすると、他の衆生が自ら大心をおこして、無上菩提心を得られる道理があるはずはない。これはこの世に生まれた者は、誰一人として自分の力で清浄真実の無上菩提心を獲得し菩薩となり得ないことを示している。

釈尊をはじめすべての者がただ仏力によって仏道に立つのである。初地に入って菩薩となるのはただ仏力による。その中でひとり初発心の時にこの心をえて菩薩となる者がある。それが弥陀因位の相すなわち法蔵菩薩である。これを従果向因の菩薩という。果すなわち菩提から、因すなわち人生におりたつ如来のはたらきを従果向因という。この菩薩だけが初めから真実清浄の「是の心」をもち、直ちに十地の菩薩となる存在である。この菩薩によってすべての菩薩が生まれ、すべての諸仏が誕生する。このような道理を龍樹はこの問答の中で述べている。

この初発心において直ちに必定に入る菩薩の存在が、後の易行品に十仏、百仏、無量の菩薩として展開する本願の菩薩である。如なるものが如来となって来生し、如来がさらに菩薩となる。これを従果向因（果より因へ向かう）のはたらきという。この菩薩においてのみ初発心即無上菩提心である。初発心が浄心である。この菩薩に導かれて初めて生死海の中の衆生が菩薩として誕生し如来となることができる。それが諸仏菩薩である。諸仏菩薩はすべてはじめは衆生であった。その衆生が、この菩薩によって仏教にあい、初発心をおこす。それが発菩提心品の第四、第五縁の菩薩による発心である。しかしその発心は中々続かない。その内容が調伏心品である。そしてとうとう退転の菩薩となる。その姿が敗壊の菩薩である。それが阿惟越致相品に説かれている。この敗壊の菩薩が仏力にあう次第が易行品に述べられる、これが『十住毘婆沙論』の中心となっている。釈尊が初発心では無上菩提心を得ず、修行の後に燃燈仏に逢うて、初地に入ったということは、釈尊もこの道によって菩薩となり仏となったということである。そして龍樹もそのようにして、仏となるべき道に立ったのであった。

龍樹は、『十住毘婆沙論』において自己自身の求道を語っているということができよう。そしてこれ以外に仏道成就の方途はないことを自己の体解をとおして述べているのである。龍樹はこの論において、仏道は釈尊の無師独悟に始まるという考えを根本的に改めていることがわかる。大乗仏教の誕生とはこのことである。釈尊が自ら悟ったという教えを小乗仏教といい、釈尊が諸仏によって成道したという教えを大乗仏教というのであるといえるのではないか。

次に「如来の家に生まる」といわれる。

仏力を得て無上菩提心をおこし初地に入ることを、「如来の家に生まる」という。家は如来を生み出す地という意味である。「経」では「菩薩かくの如きの心を生じて即時に凡夫地を過ぎ、菩薩位に入り、生じて仏家にあり、種姓譏嫌すべきものなく、一切世間道を過ぎて出世間道に入る」という。

論ではこれを偈に表わし「十力を得るがための故に必定聚に入り、即ち如来の家に生じ諸の過咎あることなし、即ち世間道を転じて出世上道に入る」という。ここに今まで凡夫であり衆生であったものが菩薩となった。これが必定地である。その地を仏家に生まるといい、出世上道に転入するといわれている。

経では「仏家に生まる」ということについての説明はない。しかし論では次のように「如来とは」以下「如来の家」「家に過咎なし」と詳細に述べている。

「如来」とは、如は如実、すなわち真実、涅槃をいう。来は来至、涅槃にいたるがゆえに如来という。また、涅槃より来至するがゆえに如来というと述べられている。如来とは、具体的には十方三世の諸仏である。この諸仏を生み出す家を如来の家という。この菩薩は無上菩提心をおこして必ず如来となるゆえに、如来の家に生まれるという。

家といえば世間では父と母を家とする。ある説では智慧を母とし、方便を父とする。父によって生まれ、母によって養育される、これを如来の家という。この二法から諸仏が生まれるからである。また善と慧の二つが一切善法の根本であり、この二法を行じてよく正法を成就できる。そこで善を父とし慧を母として、これを諸仏の家という。一切の如来はこの二つから生まれるからである。

このように龍樹は述べてさらにいう。ある説では般舟三昧と大悲を諸仏の家という。この二法からすべての如来が誕生するからである。般舟三昧が父であり、大悲が母である。般舟三昧とは諸仏現前三昧、念仏三昧をいう。これは後の四十不共法品に詳述されている。南無阿弥陀仏を父とし、大悲を母として菩薩が生まれ如来となるといっている。したがって「十力を得て」「如来の家に生まれる」という入初地の根本は、大悲方便によって育てられて、仏との「であい」をもつことにあるということができる。

このことは『十地経』の原文にはない。このように経文にない説を出し、入初地の道を発菩提心品から易行品にいたる間に広説してこの経の真意を勝説することが、『十住毘婆沙論』の中心である。これを「毘婆沙」という。『十住毘婆沙論』と『十地経論』の相違は、『十地経』を「毘婆沙」した論か、『十地経』を論釈したものかにその相違があるといえる。

「家に過咎なし」とは、「家清浄の故に」という。清浄とは一切煩悩を離れた仏心をいい、また仏心から現われた清浄の法をいう。念仏三昧、大悲が仏徳であり、智慧、功徳清浄である。菩薩はこれらの諸法を家とするから清浄の徳をもち、過ちや罪咎がなく、またそれらに陥ってもこれを浄化し、転じて徳とすることができる。

次に「世間道を転じて出世上道に入る」という。

世間道とは凡夫道である。さきの序品でいう「生死の苦海」である。随愛の凡夫が煩悩の業風にもてあそばれて、生死流転の世界に沈迷している現実を世間道という。「出世上道に入る」とは、この現実を出て、涅槃にいたる道に立つことである。生死の大海にいる者が大悲の願船に乗せられて、大海にいるままが、無上道に立つ場に転ぜられることをいう。無上菩提心を得て初地に入る、それは殻を破ったドングリの発芽であり、卵からひよこへの孵化である。大いなる世界への誕生である。これを「出世上道に入る」という。

「初地をなぜ歓喜地というのか」

「小乗の悟りでいえば初めて須陀《しゅだ》洹道《おんどう》（預流果）を得たように、よく三悪道の門を閉じ、法を見、法に入り、法を得、堅牢の法に住して傾動すべからず、究竟じて涅槃にいたる道に立つことができた。見諦によって見惑が打ち断たれて心が大いに歓喜するのである」

この世界に入ると、たとい眠りこけて懈《け》怠《たい》におちても、もはや二十九有の迷いの世界におちることはない。たとえば一本の毛髪を百分して、一分の毛で大海を汲みとるようなものである。苦のすでに滅したものは大海の水のごとく、いまだ滅せざるものは二、三滴の水のごとく、このゆえに歓喜地という。この世界において、諦・捨・滅・慧の四功徳を得、如来となる道に立ち、仏種を断ぜず、一切声聞・辟支仏の供養、恭敬をうけ、心大いに歓喜すると龍樹は述べている。

第三章　地相品

さきに述べたように、『十住論』には三つの大きな問いが問われている。その第一はいかにして菩薩が誕生するかという問いで、これに答えるものが入初地品であり、後に易行品である。第二は菩薩とはどのような存在であるかという問いで、これに答えるものが地相品であり、後に釈願品である。また第三は菩薩はいかに進展するかという問いで、これに答えるものが浄地品である。今はその地相品について述べる。

「初地の菩薩のすがた、かたち（相貌）はどのようなものか」

「七つの相がある。堪忍し争いを好まず、心に喜びが多いこと。常に信心を喜ぶこと、人々に対する悲しみの心をもち、瞋りの心が少ないこと、これがその相だ」

まず堪忍とは堪受ともいわれる。それはこらえ忍んで、よく受けとめることである。何をこらえ受けとめるかといえば、一つには困難な問題に出会っても、これを耐え忍び一道を貫くことであり、二つには難化の悪衆生に対して倦まずたゆまず、これを教化してゆくということである。このように困難に出会っても、心が退かず、たゆまず、また怖れるところがない。これを堪受といわれる。

すでに述べたように、龍樹は生死の苦海に沈没する衆生を菩薩たらしめようとしてこの『十住毘婆沙論』を書いた。衆生すなわち随愛の凡夫、愛別に泣き人生苦にあえぐ存在が、もし仏力を得て菩薩道に立つことができたならば、その人はいかなる業苦の中にもこれを堪忍し、これを受けとめてよく一道を貫き、自利利他の道の成就をなしとげ得る。これは決して理想でもなくいわんや架空のことでもない。われらはこのような存在を現実に拝むことができる。

親鸞が三十五歳、北越の天地に流されてからの数年間の忍苦は、まさにこの「菩薩はよく堪受す」といわれる例に該当するであろう。無信の悪僧たちによって法園は荒らされ、吉水の教団は解散を命ぜられた。誤った裁判によって罪もないものが流されてゆく。北越の寒風の中にこの矛盾を背負って立つことは誰にもできることではない。親鸞はさだめし恨みの心、怒りの心を禁ずることができなかったであろう。しかしながら、彼はついに「これなお師教の恩致なり」とこの業苦を荷ない立って言った。そこには「仮令身止　諸苦毒中　我行精進　忍終不悔」の法蔵菩薩さながらの偉容がある。この忍終不悔の心こそ菩薩の心であり、それをいまは堪受といわれるのである。聖人はこの風雪の中をよく忍びぬいて、さらに念仏の心を深化した。そして辺鄙の群萌を教化して多くの念仏者を生み出したのであった。龍樹が、堪受の内容を、一つには難事を果たしとげつつ一道を貫くことであるといい、二つにはよく難化の悪衆生を教化することであると言ったのは、まことに適切な指摘であるといわねばならない。

次に「諍競を好まず」といわれる。諍とは言い争って相手を負かそうとすること、競は競争して相手に勝とうとすることであろう。菩薩はこのような争いをしない。それは寂滅を願うがゆえであると龍樹はいっている。

だいたい、諍といい競というのは、自己中心というか自己肯定、つまり蓮如のお言葉でいえば「人には総体人に劣るまじきという心あり」という心が根底になっている。これが自力の心であり、見惑と呼ばれるものである。衆生が、菩薩となって初地に入るということは、見惑を断ち切られること、すなわち自力の心が打ち砕かれることにほかならない。そこに、言い争って人に勝とうとしたり、競争して人を負かそうとしたりする心が融かされてゆく。そこには願心が生まれている。この願心が、深く寂滅を願う心である。

寂滅とは涅槃すなわち浄土であり、寂滅を願う心とは願往生心にほかならない。菩薩は自己の生きてゆく方向を持っている。自己中心の我執が砕かれるとき願心が成立する。つまり生活の方向が定まり、生きる目的が明らかになる。たとえば山頂の池の水は、堅い堤に取り囲まれている限り、どこにも進行方向をもたぬ静水であるが、しかしながら、もしこの堤が崩壊するならば、水はその進む方向をもって奔流となって流れ出るであろう。海に出るということが水の願いとなり、目標となる。このとき、水は岩にぶつかれば岩を廻り、木の根に当ればこれを超え、せかれれば淵を作り、溢れては滝となって遂に海に出ようとする。そのとき水は岩とぶつかっても、そこにとどまって喧嘩をしようとはせず、木の根と争って相手を負かさねば進まないということもない。水には目的がある。それゆえに、これを巡り、これを廻り、あるいは超えて行くのである。

山の頂の池の水はわれらの心であり、堤は自己中心の思い、つまり我執である。この堤に取り囲まれている限り、われらの心は生きる真の目標を持ち得ない。もしこの堤が打ち破られるならば、そのとき同時に与えられるのが、海に出ようという願往生の心である。この願心こそ諍競のない心であり、何ものをも超えて「寂滅を願う」心である。

次に「その心喜悦多し」といわれる。喜とは身も心も軽々となり、悦とは深い世界に入って、心に喜びが湧き出てくることである。生き甲斐というか、生きる喜びというか、見惑を断ぜられ、自己中心の心を打ち砕かれた者は、今までの重い心ではなく、身も心も軽く、歓喜の人となる。このゆえに初地を歓喜地といわれる。

次に「常に信心を喜ぶ」といわれる。信心を喜ぶとは、仏の慈悲を喜び、法を喜び、善知識の教化を喜び、道を讃えることである。つまり、菩薩は常に仏法を喜ぶ存在であるといわれる。

次に「衆生を悲愍す」といわれる。菩薩の心の信が、ほかにはたらきかけてくるところを悲という。迷い苦しむ人々を無視することができないで、どうか道に立ってくれよ、教法を聞きぬいてくれよ、と念ずる心が悲心である。菩薩の相としてこの悲心があげられている。

次に「瞋恚《しんい》の心なし」といわれる。心つねに慈行を楽しみ不瞋であるという。龍樹は「この菩薩はまだ漏（煩悩）が尽きないので、時に懈怠《けたい》になることがある」と。これは初地の菩薩は、まだ菩薩となったばかりで煩悩が残っており、怒り腹立ちの心が存しているが、行善の心、すなわち信心のはたらきによって、慈行をたのしみ、瞋恚、怨恨の心がだんだんと少なくなる。それを究極的にいえば、「瞋恚の心なし」といわれるのであろう。われらは「怒り、そねみ、腹立ちの心たえず」一生涯凡夫で果てるほかはない。しかしながら、信の天地に出されるとき、仏の眼からみるとすでに迷いの根は断ち切られ、信の炎は、貪、瞋、痴の三毒を焼き払いつつあるといわねばなるまい。仏からみてこれを「瞋恚の心なし」といわれたのであろう。

以上が菩薩の七相として述べられるものであるが、これを結ぶに当って、龍樹は次のようにいっている。「これらの菩薩は煩悩が断じ尽されたという存在ではないのであるから、時には懈怠に陥って、この七相をしばらくやめたり退転したりすることもある。それ故「常に」とはいわない。「多くこの七相あり」というのである」と。これまことに、実際の姿をよく言い当てられたことばである。

さて以上のように菩薩の七相をあげて、菩薩とはどのような相をとるものであるかを述べているが、この七相の中心となるものは何であろうか。これについて思われるのは、龍樹が以上の七相の次に長々と述べているのが「初地の菩薩は歓喜多し」ということと「怖畏なし」ということであるという点である。ここに実は「菩薩の相貌」ということの中心点があるのではなかろうか。すなわち、菩薩の七相というのは、心が熱い歓喜の火に燃えており、何ものも怖れない無畏の境に住しているために表われる相であって、七相をまとめていえば、歓喜と無畏に摂まるといえるのではなかろうか。堪受というも諍競を好まずというも、そのほか信心を喜ぶというも悲心というも、つまりは見惑を断ぜられたところに起こるもろもろの相であるが、そのつづまるところは「歓喜」と「無畏」であろう。龍樹はとくに入初地品の後半から、しきりに「歓喜」を力説している。初地は初歓喜地ともいわれるから、「歓喜」と「無畏」の中では「歓喜」ということに中心があり、したがって「菩薩の相貌はいかなるものか」という問いに対しては「歓喜に満ちている」と答えることができるであろう。

次にこの菩薩がなぜ歓喜に満ちているかと自問し、次のように答える。

「常に諸仏を念じ、常に諸仏の大法を念じ、常に必定の菩薩を念じ、第一希有の行を念ずる。この故に歓喜多し」

すなわち菩薩は念ずる世界を持っている。念ずるとは憶念であり称念である。その対象が仏、法、僧の三宝であり、第一希有の行であるがゆえに歓喜多しといわれる。この内容について考えたい。

まず、念ずる対象が凡夫の念ずる対象とまったく異なるものであることに注意しよう。凡夫われらのおもいの対象は、名利であり世間であり欲求であり将来への希望などである。菩薩の念の対象はこれらと異なり、仏、法、僧すなわち尊い三宝の世界がその内容である。仏とは大方広仏、すなわち真如を背景として衆生界に仏華を荘厳しようとするもの、法とはその教法、僧とはその教法に信順する仏華そのもの、すなわち必定の菩薩にほかならない。このような世界が菩薩の憶念の対象界である。そこに歓喜の生まれる根源がある。この菩薩は、さきに述べたように生死海に沈没していた衆生が、仏力によって新生した存在である。悲歎愁憂の衆生が歓喜の菩薩となるということは、換言すれば、彼の胸中に尊い世界を憶念する心が生まれたことにほかならない。そこに初歓喜地の菩薩の誕生がある。喜びに溢れる存在となるためには、外の環境がよくなり、幸福が与えられることが必要であると普通は考えられている。しかし、そうではない。心の内に大いなる世界、尊い世界を拝む心が開くことが根本である。「歓喜の因縁」は「念仏、念法、念菩薩」にあるといわれる言葉は、まさしく仏道の志向する中心を言い当てたものであろう。

次に「諸仏を念ず」ということを釈して、諸仏とは「燃燈仏等の過去の仏、阿弥陀仏等の現在の仏、及び弥勒仏等の未来の仏である」という。ここに阿弥陀仏という名が初めて出され、しかもこれを現在の仏といっていることは甚だ興味深いことである。原典の『十地経』では、仏は、釈迦牟尼仏と盧舎那仏等であって、阿弥陀仏の名は見当らない。

しかるに龍樹において、初めて阿弥陀仏ということがここでいわれるのは極めて注目すべきことと思われる。過去というも未来というも、現在の一念をおいてはあり得ないがゆえに、過去の仏というも未来の仏というもすべて現在の仏に摂まる。したがって諸仏はことごとく弥陀仏に摂まるということができよう。このことは後に易行品の百七仏章において、さらに明らかである。龍樹が『十住毘婆沙論』において諸仏といっているのは、つづまるところ、阿弥陀仏を指すものであることを銘記したい。現在は過去を抱き未来をはらむものであって、現在がなければ過去もなく未来もあり得ない。悠久にして永遠なるものの現在における顕現が阿弥陀仏である。これを龍樹は言おうとしているのではなかろうか。

次に「諸仏の大法を念ず」ということを釈し、諸仏の四十不共法を明かして仏法が婆羅門などの当時のインド哲学と異なる教法であることを示している。この四十不共法は後に別章を設けて広釈しているので地相品では略説にとどめられている。この略説の中に説かれているのは無碍自在ということである。無碍とは無我のゆえに碍りのないことであり、自在とは法爾自然を表わすものであろう。大法は、無我であり自然の法則である。ここに仏法の不共法である所以があることを示されている。

次に「必定の菩薩を念ずる」というのは、不退転の位にある菩薩が、不惜身命、道のため勇猛精進する姿を憶念することである。これはとりもなおさず、善知識を念じ、僧伽を念じ、同胞同侶を念ずることにほかならない。

最後に「第一希有の行を念ずる」といわれている。第一希有の行を龍樹は、「一切凡夫の及ばざる所」といい、また「一切声聞辟支仏《しょうもんびゃくしぶつ》の行う能わざる所」といい、さらに「仏法の無碍解脱、及び一切種智を開き示す」ものといっている。仏法の無碍解脱を開示するとは、凡愚われらが自力我慢を打ち砕かれて解脱を得る道をいうのであり、一切種智を開示するとは、真の智慧がわれらに成就することにほかならない。それゆえ最勝希有第一の行といわれるのであろう。これこそ仏道の要諦である。このような第一の行とは何か。それは、ここでは明らかでない。しかしながら龍樹はこの行を『十住毘婆沙論』の中で必ず明らかにしているに違いない。いやそれを明らかにすることが本論の中心でなければならない。生死海の衆生を菩薩たらしめる行を開示することが本論の生命であるがゆえである。

われらは親鸞がこの文章を「常に諸仏を念じ、諸仏の大法を念ずれば（これ）必定希有の行なり」とこの文を読まれたことに驚かざるを得ない。これは『教行信証』行巻に本論を引用されるところにある。原文ではさきに述べたように「常に必定（の菩薩）を念じ、第一希有の行を念ず」と読まねばならぬ箇所である。この文章を「念ずればこれ必定希有の行なり」と読むことによって、第一希有必定の行が「諸仏を念じ諸仏の大法を念ずる」ことであると断ずる人がすなわち親鸞である。諸仏とはさきに述べたように究竟ずれば弥陀であり、弥陀の分現が諸仏である。したがって「諸仏を念ずる」とはついに「弥陀を念ずる」ことである。「諸仏の大法」を念ずるとは、つまり弥陀の本願を念ずることにほかならない。「憶念弥陀仏本願　自然即時入必定」、必定希有の行とは「憶念弥陀仏本願　南無阿弥陀仏」つまり本願の名号であるということが第一希有の行に対する親鸞の領解である。この親鸞の解釈は果してどこに根拠があるのであろうか。

それはおそらく易行品であろう。易行品には「もし人あってこの諸仏の名を説くを聞くことを得れば、即ち無量の徳を得」といわれ「もし人（仏の）名を聞く者は即ち不退転を得」等と述べられている。さらには弥陀の本願をあげて「もし人、弥陀仏を念じ（仏）名を称し自ら帰すれば即ち必定に入り阿耨多羅三藐三菩提を得」といわれる。そして龍樹自身の行として「人よくこの仏の無量力功徳を念ずれば即時に必定に入る。この故に我常に念ず」と告白されている。ここに必定希有第一の行とは、「憶念弥陀仏本願」であり、憶念称名であることが窺えるであろう。憶念称名が希有第一の行である所以は、それが本願の行であるがゆえである。信方便の易行とはこれである。

このように最勝第一希有の行は、地相品の文字の上では必ずしも明らかにされているとは言い難い。それは親鸞によって初めて明確にされたというべきであろう。親鸞は真に龍樹の心を開いたのである。そこに開顕ということがある。

弥陀の本願は『大無量寿経』に説かれている。本願生起は上巻に述べられ、本願成就は下巻に述べられる。生起とは本願のおこされる縁由であり、成就とは人生の大海に沈淪する衆生の上に本願の成立する姿である。その成就は『大経』によれば「諸有衆生、聞其名号、信心歓喜、乃至一念、至心廻向、願生彼国、即得往生、住不退転」として表わされている。即得往生とは、さきの易行品の表現では「即ち阿耨多羅三藐三菩提を得」であり、住不退転とは「必定に入る」ということである。

ここに本願成就がある。本願成就の因縁は「諸有衆生、聞其名号」である、その相が「信心歓喜、乃至一念」である。「諸有衆生、聞其名号」によって本願成就がなされる。この心を明らかにするのが易行品である。本願成就によって生まれる「信心歓喜、乃至一念」の相を、龍樹は初地の相貌として地相品に出しているのである。「聞其名号」とは十方諸仏の称揚讃嘆される名号を聞きぬくことであるが、それが地相品では「必定の菩薩の第一希有の行を念ず」といわれるものである。この「念必定菩薩第一希有行」によって「信心歓喜、乃至一念」が生まれ、「信心歓喜、乃至一念」によって「即得往生、住不退転」が成立する。必定の菩薩すなわちこれを果位でいえば十方の諸仏、その十方の諸仏の行ずる第一希有の行を念ずることが、いわゆる「聞其名号」である。その「聞其名号」によって自らの上に「信心歓喜、乃至一念」が生まれ、「即得往生、住不退転」という必定の菩薩が誕生する。この菩薩の行がまた「必定の菩薩の第一希有の行」となる。このような連続と転回が本願の成就であり、本願の歴史であり、本願の開顕である。それゆえ、龍樹の『十住毘婆沙論』は『十地経』を『大無量寿経』、本願の教えの心をもって解明されたものであるということができる。このことは親鸞を俟《ま》って、初めて明確にされたといわねばならない。親鸞の大行論の根拠の一つは、龍樹の『十住毘婆沙論』にある。『教行信証』行巻に、本論から長文を引用し、とくに地相品からこの「必定第一希有の行」の前後の文章を詳細に引用されているのは、おそらくこのためであろう。

諸仏は果位であり、菩薩は因位である。必定の菩薩の所行はこれを果位についていえば、諸仏の行ということができる。それゆえ、菩薩における憶念称名はこれを諸仏の行ということができよう。これ十七願海の所行といわれるものである。十七願海の所行が来って衆生の「聞其名号」をとおして、衆生の上に十八願の信を成立せしめる。この行者の憶念称名は仏願によるものであるがゆえに最勝第一希有の行である。この行は諸仏の行でありつつ、必定の菩薩の行となって法界に等流する。そこに仏道の発展が生まれ、歴史がつくられる。それゆえ「必定の菩薩の行を念ず」とは永遠なる仏道の歴史を憶うことであろう。歴史を憶うものは歴史に立つものである。人は歴史に立つとき、遠く宿縁を喜び、感謝憶念の身となるとともに、未来に対して責任をもつ者となる。諸仏第一希有の行の歴史を憶うとき、歓喜がある。そして未来への展開を憶うとき、この歴史を伝えるべき使命の発見がある。たとい、いかなる山間僻地で、人に認められることなく、一生を名もなき民として埋もれ終わろうとも、歴史を憶う者には生き甲斐があり、感謝があり使命がある。ここに人生の最高至福がある。これが入初地の菩薩の相貌であろう。

菩薩が歓喜多い所以について、憶念の世界をもつがゆえであるといったが、さらに、龍樹は次のような問いを出してこれを敷衍している。

「いまだ求道心をおこさぬ人が、諸仏を念じ必定の菩薩を念じても、歓喜を得ることができるか。また求道心をおこしても、未決定の段階では念仏によって歓喜があるかどうか。これらの人々と初地の菩薩との区別はどうか」

「初地の菩薩は、必ず仏となり無量功徳を得るという確信に住している。しかし、外の人々はそうではない。したがって本当の歓喜ということはあり得ない」

この答えの前半は『十地経』によっているが、後半は龍樹のことばである。

龍樹は続いていう。

「外の人々はたとい諸仏を念じても、必ずまさに仏となるべしという確信をもつことができない。譬えば、転輪聖王の子は転輪聖王の家に生まれて転輪聖王となる相を具えている。そして過去の転輪王の功徳や尊貴の相を憶念していう。われも今またこの相あり、必ずまさにこの豪富尊貴を得べしと」

そこに大歓喜がある、もし転輪王の相のない者にはこの歓喜がない。必定の菩薩は仏法の滋味をすでに得て、心が決定して、願心が動かず移らず、私もまた必ず諸々の菩薩の行を行じて、必ず仏となるという思いを持っている。初地の菩薩は「ついに定んで阿耨多羅三藐三菩提を得」とは、まさに銘記すべき言葉であろう。仏道とは仏の教えたもう道であるとともに、仏となるべき道である。仏となるべき道とは何か。それはまず具体的には必定の菩薩となる道である。仏道に立つとは必定の菩薩となることであり、仏となるべき必然の因道に立つことである。

従来一般の考え方では、仏となる道を説くものが仏教であるとされ、煩悩を断ずるとか、悟りを開くとか、即身成仏とかが説かれてきた。これらは素朴な考えであり、いわば原始的な考えであって、深く人間の実態を知らず、したがって仏教の深さを知らぬものであろう。仏道とは仏になるべき菩薩を生む道であるという龍樹の考えは、まことに大きな仏教観の転換である。煩悩に満ち苦悩に溢れた人間存在に可能な究極の立場は、仏力によって必定の菩薩となるということであり、これが、現実の人間の上に成立する最高至純の地位である。この必定の菩薩を生み出すことこそ仏道の実際である。

このように仏教をみることは、従来の仏教者の中では稀であったのではなかろうか。いわゆる小乗の人たちは、釈迦の言説に拘泥し、あるいはその理論化に熱中して、その真精神を追求することを忘れた。何よりも大きな過失はそこに人間の実態が無視されたということであろう。われら大地の上なる存在が、煩悩を断じて涅槃を得るということがどうして実際に可能であり得ようか。そのようなことは机上の空論にすぎない。さればといってこのままでよいというわけでは決してない。それゆえ心を静めて悟りを開こうとしても、そのような悟りは永続きし得ないのが実態ではないか。仏道とはそんなところにあるのではない。龍樹によれば、生死煩悩の存在が仏力によってついに自己中心の心が破砕されて現実人生の中で必定の菩薩となるところに、具体的な仏道があるのだといわれる。この龍樹の提唱は、大乗仏教中興の祖としての偉大な存在を示すものであろう。抽象的な目標でなく、具体的な目標が明らかにされているところに大きな意味がある。われらは親鸞とともに「本師龍樹菩薩」と、この人を讃えずにはいられない。

次に龍樹は、「初地の菩薩は一切の怖畏なきが故に歓喜多し」という。まず問うていう、

「怖畏なしというが、どのような怖畏がないのか」

「不活畏、死畏、堕悪道畏、大衆威徳畏、悪名畏、そのほかどのような怖畏も持たぬ。それは我、我所の心を離れるが故である」

衆生われわれは、心に不安と恐怖を深くもっているがゆえに、これを恐懼といわれる。『無量寿経』には「一切恐懼為作大安」(一切の恐懼の為に大安をなさん)とある。不安と恐怖を離れ得ぬところには本当の歓喜はあり得ない。

「不活畏」とは食べてゆけぬのではないかという不安である。現在のような物質中心の時代では、特に生活に対する不安が根本的に人々の心に満ちているといえよう。経済界の不安定、倒産、物価騰貴などの現象はこれに拍車をかけている。しかしながら、初地に住すればこのような生活の上の不安はないといわれる。龍樹はその所以を説いて、「大威徳あ

るが故に、よく堪受するが故に、大智慧の故に、足るを知るが故に」という。大威徳とは福徳が満ちていることである。福徳あるところ、衣服食物その他必要なものは自然に集まるという。確かにそういう一面があろう。しかしもし福徳が薄くても、よく苦労に堪える忍力が与えられ、不自由を忍び、よく努力して、苦労を苦労と思わないから、「食べてゆけぬのではないか」というような心配はしないという。どんな苦労でも受けとめてやってゆくぞという気持が定まれば不安はない。また大智慧すなわち仏智と等しい智慧が与えられるから、よく自活の道を見出し、あくせくせずとも必要な物を得て、仏道を求め抜いてゆく。彼は毀誉褒貶、苦楽や浮き沈みは人生において免れないと知って、これらを恐れない。この智慧が「不活畏」をもたらすのであるという。また足るを知り、見ばえのよいものにこだわらず醜いものを嫌わず、立派なものにもそうでないものにも好き嫌いをいわず、得るものに満足してそれに安んずる。このような少欲知足の心は他面において布施の心となる。たとい貧乏の中からでも布施供養を愛するところに智慧があり、知足があり、不活畏の心があると龍樹はいっている。

次に「死畏」というのは、死に対する恐怖である。これも人間の根本的な恐怖であろう。「死畏なしとは、多く福徳を修めるが故に、死後には必ず浄土に生まれることを知るが故」であるという。まことに、地上の生の終焉は永遠の生の出発である。そこに死の恐怖からの解放があろう。また念々これ死である。死ぬときに死ぬのではなく、ただ今の念々に死んでいっている。このことを厳粛に考える菩薩は、いわば死を見つめている存在ともいえる。このゆえに「死畏なし」といわれる。

「堕悪道畏」とは、地獄、餓鬼、畜生道といわれる三悪道に堕ちることを怖れる心である。何か悪いことがおこりはしないか、悪い境涯に陥りはしないかという不安であろう。しかし菩薩は常に福徳に護られ、この怖れがない。大慈悲によって護念されていることを知るがゆえである。また道心は、たとい一人の人でも道に立ってくれるというのであれば、自分は地獄に堕ちて苦を受けようとも厭いはしないという心であるがゆえに、悪道を畏れないといわれている。

次に「大衆畏」とは、多くの人を前にするときの威圧感であろうが、菩薩は内に智慧を成就し、道理を知り諂曲の心がなく、質実で柔和であり、正直であって、別に人々からよく思われようともせず、諂《へつら》いもせず、自信に満ちているため大衆からの圧迫感はうけないといわれる。

このように龍樹は、怖畏のない理由をあげたのち、これらを結んで次のようにいう。

一切の怖畏はみな我見より生ず。我見はみなこれ諸の衰と憂と苦の根本なり。

これらの菩薩はよく我見を打ち砕かれて、我、我所の心がない、これが怖畏のない理由である。我、我所の心とは、自己中心の心と自己所有のものに執着する心であり、我見の内容である。それではいかにして我見を砕かれるかというと、「空法を楽しむが故である」

という。ここに龍樹の帰結がある。

空法とは我執が融かされてゆく教法、すなわち自力を打ち砕く教法にほかならないであろう。具体的にその教法は何か。この解明が龍樹を学び、『十住毘婆沙論』を探求する上で最大の課題でなければならぬ。「空法を楽しむ」とは信楽空法である。菩薩の誕生は信楽空法によって可能である。

この空法という問題を考えるとき、次の二点を想起しなければならないであろう。その一つは、信楽空法の主人公が生死の苦海に沈没する衆生であり、凡愚懈慢のわれらであるということである。これは説明したように、『十住論』の序品に明らかに述べられていることである。したがって信楽空法ということは、凡愚の衆生に可能な道でなければならない。また二つには、すでに入初地品において龍樹は、初地の菩薩は「仏力を得て如来の家に生まる」これが入初地の縁由であると説いている。したがって「信楽空法」ということは、このことと関連のある内容でなければならない。われらはこのような二点を想起しながら、『十住毘婆沙論』において、龍樹はいかに具体的にこの問題を説き明かすのであるかを注目したいと思う。

古来、龍樹を論ずるものは、彼の教学の中心が空観にあることを必ず指摘している。あるいは一切空といい、あるいは空無我という、みな然りである。しかし、空とは端的には何か、空ぜられるまたは空ずるとは、具体的にはどうしたらできるのかということは必ずしも明らかでない。それはほとんど概念的な説明にとどまり、宗教上の行業とまではなっていないようである。これが龍樹の教学を中心とした三論宗、その他の宗派がいち速く宗教的生命を失った理由の一つであろう。しかしながら、龍樹自身は自ら「空」を実行していた存在に違いない。自ら行じ、自らその功徳を体認し、その行が仏道の中心であることを深知すればこそ、その全著作を通してこれを開顕しようとしたのであろう。しかもその道は、人生の底面で苦悩にあえぐ凡愚に可能な道であって、これらを必定の菩薩たらしめる大道でなければならない。それが最勝第一希有の行であろう。けれどもそれは『中論』や『大論』ではほとんど明らかでない。この「空法」が『十住毘婆沙論』では明らかに出されている。易行品に「憶念称名」と説かれるものがそれである。

これが具体的に必定の菩薩となる道である。ここに「空法」があり信楽空法がある。したがって「信楽空法」は、宗教的実践行としては、弥陀の本願を聞きぬいて、ついに大信の世界に出るときに成就せられるものをいうのであろう。さらに具体的には、本願を信楽し念仏することこそ「信楽空法」であり「空」ぜられてゆくということの具体相にほかならない。ここに龍樹の教学の中心があるというべきではなかろうか。

これを力説するものすなわち親鸞である。親鸞が龍樹を讃えた次の和讃は、よくこのことを物語るものであろう。

本師龍樹菩薩の　おしえをつたえきかんひと
本願こころにかけしめて　つねに弥陀を称すべし

龍樹がさきに「必定の菩薩の第一希有の行」といったその行業は、これが「空行」であり、また智慧の行でなければならない。その智慧第一、希有必定の行とは、「憶念弥陀仏本願」であり称名である。

まことに称名憶念、念仏申す身となることが、我執を空ぜられ、我見を融かされ、自らの罪業の深さにめざめさせられてゆく「空」の道である。自らにめざめ、大いなる世界を知ることを除いてどこに「空」があろう。この大道を信楽空法ということによってほのかに示すものが地相品である。

第四章　浄地品

入初地品において述べた三つの質問のうち、第三の質問は初地においてはどのような修行がなされ、進展がなされるかということで、これに答えるのがこの浄地品である。

「菩薩が初地に入ったら、どのような修行や学習をするか」

「信力増上、深行大悲、衆生を慈愍し、善を修する心倦むことなく、諸の妙法を喜び、常に善知識に近づき、慚愧と恭敬の心に住し、また柔軟心を保ち、観法を楽しみ、一心に多聞を求め、利養を貪らず、姦欺諂誑を離れ、仏の家を汚さず、仏を欺かず、深く智慧を願い、不動であり、常に修行を楽しみ、出世間の教法を願い、世間法を楽しまず、このようなことを修して歓喜地を治するのである」

まず浄地とは、浄とは浄化である、地はその世界、または、居り場所である。したがって初地に進んだ菩薩が、その世界を純化し、またその立場を深めること、これを浄地といわれる。地を純化し、深めるということは、心を教えに集中して放逸をさけ、常に修行し常に思索して、自己の過ちや悪行を取り除くことに努めることである。このようにして初めて深まりがあり進展がある。これを浄地といい、また浄治ともいわれる。

初地は必定の地、凡夫のわれわれが仏力によってついに仏となるに定まった位、すなわち菩薩地である。この地に入ればすでに迷いを離れるとともに、もはや迷いの世界に逆転する心配はなく、仏果にいたる決定の身である。それゆえ大きな歓喜がこの初地の菩薩の心に生ずる。しかしながら、菩薩はこの初地にとどまって歓喜をむさぼっているのではない。この初地から真の修行が始まるのである。これが浄地である。

この初地での修行は初地以前の修行とは根本的に異なっている。初地以前の修行は、救われること、悟りを得ることを目標として、その目標を達成するための手段としてなされるものであった。しかしこの初地の修行は、初地において成立した願心の自然《じねん》のはたらきであって、決して仏果にいたることを目的とした手段ではない。真の願心の中に自ずから籠められていたものが、自然に湧き出て、進展、純化を目指す向上の心となって現われる。これをさきの入初地品では「この心つねによく善根を集め、この心動くことなく、よく仏法を修し、この心よく諸の邪行を離る」といっている。

このように初地の菩薩は初地に入って大きな歓喜を得、深い世界を持ったとはいえ、まだ眼にも耳にも心にも、煩悩の根が根強く残っていて、それらに振り回されがちである。現実生活の中では相も変らず煩悩が主導権を握り、仏力も願力も、ともすればとだえることが少なくない。このような現実の中から立ち上がって、浄化、純化、進展、深化を誓うものは願心それ自体の叫びである。ここに浄地が自然に展開する。

浄地の行の内容としてあげられるものは、さきに述べた「信力増上」をはじめとし、「世間法を楽しまず」を終わりとする、二十七のものがら（法）である。今はその二、三について述べる。

まず「信力増上」ということが菩薩の浄地行の中心である。信は信心であり、信心清浄であり、さらに浄心と呼ばれるものである。元来仏教における信は、人間が何かを信じこむというような心理状態をさすのではなく、心清浄をいう。『華厳経』にあるように「信は垢濁なく、心清浄なり……信はよく永く煩悩の本を滅す」といわれるものである。清浄とはプラサーダ（Prasāda）であり、言亡慮絶、煩悩を離れた寂滅の世界に属する。すなわち信は人間の心の特殊な状態をいうのでなく、人間を超えたもの、すなわち仏心をいう。信は真である。真実、真理すなわち仏心が人間の煩悩の上に届いて、煩悩に着火するとき、そこに成立するものが人間における信である。たとえば太陽と薪を例に取ると、薪をどのようにひねくりまわしても、その中に太陽のような熱も光も発見できないが、もし太陽の光を大きなレンズで集めて薪の上に注いだならば、薪はついに燃え上がり熱と光を発するにいたるであろう。ちょうどこのように、信は最初は人間の上に存在しない真実、純粋な心である。しかしそれが純粋清浄なるものによってついに人間の上に生まれ出る。これをさきには「如来の家に生まる」という表現でいわれている。

いま浄地品では「信とは聞見する所を信受して無疑なることなり」という。すなわち信が成立すると、そこに見出されるもの、現実や教えをわが身に受けとめてたじろぐことなく、いよいよそれを明らかに領解してゆくようになる。それが信のはたらきである。信力である。信は教えを受けとめる智慧となり、さらにそれを思索し、実行するはたらきとなる。信知と信受が信力の内容である。この信力を増上していくことが、菩薩の浄地の行の最重要点であり、根本である。

さて、信についてもう少し考察してみよう。信は仏法における第一の到達点である。われらはそれぞれの因縁によって仏道に出発する。この仏道の出発点においてはいわゆる「信心」は不要である。信じこむ必要はなく、思いかためる心もいらない。必要なものはただ聞法を継続一貫する根性であろう。途中でやめず最後まで求めぬくということがただ一つ、私たちに要求されている出発の条件といえる。しかしながら実際には、いかに多くの人が途中で仏道を放棄してしまうことであろうか。実に悲しいことである。もし聞法、求道を継続一貫するならば、必ずそのはてに与えられる到達点が、信の成立ということである。キリスト教も天理教も、ほとんどすべての宗教が出発点において「信」を要求する。これに比べると出発点において、信心を要求しない仏教は甚だ異なった宗教といわねばならない。

普通一般の宗教の信は「教信行証」の信である。教えを信頼し、それを実行して悟り、また救いを得る信である。したがってまず信がなければ宗教にならない。

しかし仏教における信は「教行信証」の信である。教行というのは、教えの中身が如来のはたらきであることをいう。具体的には南無阿弥陀仏である。真実のはたらきである。この教行がいたり届いて信証を生ずるところに仏教の信がある。

仏教における「信」はめざめであり、自覚である。信はさきにいうように真実の心であり、清浄な仏心である。この清浄純粋な真実の火が人間の上に届くとき、信は「目覚め」（宗教的覚醒）となって現われる。何に対してめざめるかといえば、それは仏であり、同時に自己である。仏にめざめるとは、仏がおわしますことにめざめることである。今までは観念的にしか受けとられていなかった仏が、本当においでになることが全身の事実としてわかること、それが信である。そのとき、われらは自身の存在の現実にめざめる。親鸞は「地獄は一定《いちじょう》すみかぞかし」といい「いずれの行もおよびがたき身」といった。そこに動かぬ信がある。仏教における信はこのようなめざめである。したがって仏道への出発点においては決して要求されることのないもの、信は仏道の具体的な第一の到達点であるということができる。この信の成立が入初地である。この入初地は到達点であるとともに、仏道への真の意味での出発点となる。この出発点における行が浄地の行である。この浄地の行の中心が信の純化、すなわち信力増上にほかならない。したがって信の純化こそは真の仏道への出発の行であるということができる。

信の純化とは具体的にはいかなることであろうか。まず、信が人間われらの上に成立すると、さきのように、信はめざめという姿をとる。すなわち、宗教的覚醒であり自覚である。そのめざめは、一面からいえば仏あるいは法、さらに僧、すなわち三宝に対するめざめであり、他の面からいえば、自己自身に対するめざめである。前者は永遠なるもの、自己を超えたもののおわしますことに対する自覚であり、後者は自己自身の愚悪に対する覚醒である。この両者は別々にあるのではなく、一つのものの表裏二面である。このようなめざめは単に「目がさめた」というようなものではない、必ず合掌、礼拝、懺悔という形をとって、姿に現われてくる。そこに信の成立の具体相がある。頭や心だけの問題でなく、全我の事実として信は成立するのである。この信がさらに純化するということは、三宝についてのめざめが深くなり広くなることであり、同時に自己自身へのめざめが深まり広まることである。これを龍樹は「信力転増」ともいっている。教えを聞いて深く思索することと、それこそ信のはたらきである。この信力が、無量深妙はかり知ることのできない仏徳を少しずつはかり知り、それをわが身に体解していく。そこに深まりがあり、広まりがある。今まで知らなかった自己の姿が少しずつ自覚されてゆき、次第にそれが深くなり、広くなっていく。そこに信力増上の具体的な姿がある。そしてさらに懺悔合掌、ついに「地獄一定」の身と知るところに純化の進展があるといえよう。

次には「深く大悲を行ず」といい、さらに「衆生を慈愍す」といわれている。利他行の展開である。元来宗教は、個人的な救済を主とするものと考えられているが、真の宗教は決してそこにとどまるものではない。必ず隣人への愛情と連帯感とを生み出す。この隣人愛と社会への連帯感がまた自己自身を進展させるための契機となる。真の進展や純化は、単に自己における聞法と思惟と実行のみでは完全でない。愛と連帯感、すなわち慈悲の展開ということにならなくては、仏法はわが身において深まらず、皮相的観念的なものにとどまるであろう。利他の行を自ら行ってみて、初めて人は、迷妄の底に沈んでいた過去の自己の姿を知らされるとともに、今の自己にまでたかめるために注がれた三宝の功徳に対し、深い感銘をおぼえざるを得ない。利他をはたらくことによって人はかえって自らを純化される。自利無くして利他はないと共に、利他はそのまま自利であるという一面がある。利他の行を実行して初めて、人は真に仏道に立つのである。

次に「善知識に近づく」といわれている。善知識については後に詳しく述べられている。今は諸仏菩薩を善知識という。善知識とは、私を善く知り、私に相応した教えをもって導いてくれる指導者である。この人は果位でいえば諸仏であり、因位でいえば諸菩薩である。善知識とは、実際に自らが仏道を求め、自ら進展してゆく人である。そのような人に対し「常に正心をもって」「親しみ近づく」ことが、浄地の行であるといわれている。

次に「姦欺諂誑《かんぎてんきょう》を離る」という。「姦欺」は秤や、ます目をごまかし、また品物が本物でないのに本物だといって人に売りつける。諂とは心が正直でなく、自己の本心を曲げて相手に迎合することをいう。誑とは間違った生活のあり方をいう。衣食を得たり、人の尊敬を得たりしたいために、修行に励むことを矯異という。また、物を手に入れたいために、口先だけで人の心を引きつけ、「あなたほど親切な人はない、兄弟も及ばないくらいだ」などという（これを「自親」という）。また、物をもらいたいあまり、「これは立派なものだ」とほめたり「あなたの家の餅はおいしい」などとほめる（これを「激動」という）。また、「これは誰々にもらった。あの人がこのようなものをくれた」といって、自分に物をくれるように暗示する（これを「因利求利」という）。これらはきわめて日常生活に密着した事柄である。このような日常生活の内容を顧み、改めるべきところを改めることが述べられている。

浄地の行とはこのように信の純化を先として、利他行を励み、日常生活における自己の不純さを清算していくことである。これは単に初地だけでなされるのでなく、二地にも三地にも共通である。しかしその中で初地における浄地の行が一番むずかしいと龍樹はいっている。それは、ちょうど竹を割るのに最初の節が一番割れにくいが、もしこれが割れたら他の節は次々と容易に割れるように、初地における浄地の行が最も困難であり、もしこれができると他はすべて容易になる。その理由は、初地では信力がまだ充分でなく、道に立ってまだ久しくないから、内に煩悩の塵が多く残っており、心の中にたくさんの垢が残っていて、それらのものがわずらいの種となる。また目に見えない障害がさわりをする力をもち、それらに打ち勝って純化、進展に努めることは、諸地の中で一番むずかしい。それゆえ初地の菩薩は、さきに述べたような二十七の浄地の行を常に心にかけて一心、不放逸、常に行じ、常に観じ、諸悪を除いてゆく、このことが大切なつとめであるといっている。

さきに述べたように、これらの二十七の行はただ初地だけではなく、二地においても三地においても皆この行をもって浄地の行とするのである。したがって信力増上をはじめとする上述の事柄は、仏法の門をくぐって真の出発をなし得た者にとっては、いかなる段階においても、常にその前進の源となる行法である。だんだんと深い天地に出たならば、そこで何か特別にやらねばならない別の行があるのではない。「一切の諸地みなこの法をもって修治す」。信の純化を第一とするこれらの法こそ、菩薩を進展させるすぐれた法であると説いて、龍樹はこの章を終わっている。

第五章　釈願品

はじめに次のように述べられている。

さきに初地に入る道（入初地品）と浄治の法（浄地品）を説いたが、菩薩は発願によって初地をはじめ諸地に入ることができ、また信力増上などの功徳を成就してその地に安住するのである。今からこの願について考えよう。

【検討】

この発願は、浄地品の次の釈願品で述べられているから、浄地の行を行じて次に発願するととられやすいがそうではない。この発願は初地に入っておこす願でなく、この願をおこすがゆえに初地に入ることができた願である。このことがはじめに注意されている。『十地経』では「菩薩かくの如く歓喜地に安住して諸の大願をおこし、如是の決定心を生ず」とあって入初地の後に十大願をおこすと述べられている。しかし『十住毘婆沙論』では、経と異なり、入初地の前にこの願をおこすのである。そこで、なぜこのように願の取り扱いが異なっているのか。それを明らかにしなければならない。

1、武邑尚邦師は次のように述べている。

この（引用者註・釈願品の）十大願は成程、経の十大願をうけたものであることは間違いないが、願そのものの取り扱い方には随分と異った点がみられる。このことは、この十大願の説明が、前に示した「入初地品」の八法の次に直接『経』に関係なく出された。

当自発願言　我得自度已　当復度衆生

をうけたものであるからであろう。しかも、この十大願は、次の「発菩提心品」で「初発心は是れ諸願の根本なり」といわれる諸願であり、本来、発心を根本として展開する願が、先取りされてここに説かれているといわねばならない。その点、『経』が発心を説いてその後に、願勝として願を説くのとは、その事情を異にしているのである。（『十住毘婆沙論研究』九六～九七頁）

このように同師は本論の釈願品の十大願と「経」との相違を認め、本論の願は、入初地の初めの偈にある発願をうけ、これを説いたものであろうといわれている。

2、ではこの釈願品の根本となる発願、すなわち入初地品のはじめの「当自発願言、我得自度已、当復度衆生」（まさに自ら発願していうべし、われ自ら度するを得おわりて、まさにまた衆生を度すべし）とは何か。

この願は「経にないもの」である。龍樹はこの願をここで説き明かすことによって

「経」の真意を明らかにしようとしている。すなわち「毘婆沙」しているのである。

3、さきの自利利他の願は、入初地品において「八法を具しおわりてまさに自ら発願していうべし」といわれる願である。まずこの八法とは厚種善根、善行於諸行、善集諸資用、善供養諸仏、善知識所護、具足於深心、悲心念衆生、信解無上法をいう。「八法を具し已る」とは、これらの善行を成就するの意であるが、これは人間に可能なことかどうか。ましてその上に立ち前記のような自利利他の願をおこすことができるかどうか。人間には到底このようなことは不可能ではなかろうか。このことの可能な存在は、ただひとり従果向因の菩薩、法蔵菩薩のみである、法蔵の行を八法といい発願というのである。したがって釈願品の十大願は法蔵の発願である。凡夫たるわれらには「八法を具し」「発願」して初地に入ることは不可能である。しかり、まことにわれらの力では不可能である。次の発菩提心品、調伏心品、阿惟越致相品にその詳細な理由が述べられている。

ただ一つ入初地の道があることを明かされたものが易行品である。易行品によると、八法の実行に破れた敗壊の菩薩が、諸仏・菩薩の勧めによって弥陀の本願を聞きひらくところに、今まで実行しても成就しなかった八法の行も、成就しないままに資用として生き、その上に本願力が和合して時機純熟し、ついに不退の世界に生まれる。本願力和合とは南無阿弥陀仏がいたり届くことである。その本願成就の南無阿弥陀仏の名号に、法蔵菩薩の成就した願も行もこもるがゆえに、ここに法蔵の願行がわが願行として与えられ、八法を具し十大願を内蔵する身となるのである。

「経」の十大願を法蔵菩薩の願とし、仏力によって入初地したところにそれが菩薩の願となる。法蔵の願が初地をはじめ諸地の根本である。このことを明かすのが龍樹の真意であろう。

次に十願について、龍樹は『十地経』の意をいくつかの偈に分かって表わしている。その偈から十願の名を集めて次にあげておこう。

第一願　恭敬一切仏の願　　第二願　護持仏法の願
第三願　供養諸仏の願　　第四願　教化衆生の願
第五願　成就大乗の願　　第六願　一切法信解の願
第七願　浄仏土の願　　第八願　無有怨競の願
第九願　入信清浄の願　　第十願　一切成菩提の願

この願のうちはじめの三願は自度（自利）の願、第四願から第七願までの四願は度衆生（利他）の願、残り三願は、自利利他の願である。

まず第一願は、「一切の仏に対し、供養し恭敬したてまつらん」という願である。諸仏に対する供養恭敬が十願のはじめであり、また中心である。

仏教において「願」といわれるものは、単なる希望とか、こうありたいというような欲求ではない。煩悩を離れ自己中心の心を離れた純粋な心情の吐露である。この心は目標を永遠のかなたにおいて、しかも現前脚下、ただ今ただちに努力し実践しようとする意志の表現である。純粋な心情とは「信」である。この「信」の動的表現が「願」である。信の静的表現を至誠であり無疑であるとすると、その動的表現が願であり、行であり、実践である。この願はまず最初に仏に対する感謝、報恩の情となってほとばしり出て、仏に対する供養、恭敬の願となる。

供養とは、花、香、灯明などを仏に捧げることであり、恭敬とは、仏を尊重し、礼拝し、合掌し、親しくつかえることをいう。また衆生に仏法を伝え、教化を行うことも恭敬とされている。

昔から「物には心をそえよ、心には物をそえよ」といわれる。感謝の心は自ずから花や香や灯明のような捧げ物となって表われる。その捧げ物はどのように小さくても、その中に深い報恩の情がこめられているとき、それを大供養という。また仏に報謝する心は、他の人々にはたらきかけてこの人たちを少しでも仏法に近づけたいと念ずるようになる。したがって教化衆生ということが何ものにもまさる仏恩報謝の行であり、仏に対する供養である。

次に「願わくば仏法を守護したてまつらん」という。これが第二願である。さらに「願わくば仏の八相成道のうち、いかなる時においても心をつくして供養したてまつらん」という。これ第三願である。また次に「願わくば衆生を教化して悉く声聞、辟支仏の道に入らしめん」という。これ第四願である。「願わくば声聞、辟支仏をして仏道に向かわしめん」、これ第五願である。「願わくば一切法を信解せしめ平等の世界に入らしめん」、これ第六願である。「願わくば諸の悪を滅し、除いて、仏土を清浄ならしめん」、これ第七願である。第八願は「共に同じく仏道を行ずるものにおいて、願わくば怨み、競いなからしめん」であり、第九願は「願わくばわれ不退転の法輪を転じ衆生をして迷いの世界を離れ、信清浄に入らしめん」である。第十願は「願わくば一切世界、皆仏道を成就することを示さん」となっている。

これらの願において、はじめの三願では供養諸仏、守護仏法という自利の道を尽すことが願われ、次の四願では隣人にはたらきかけてこれを求道者たらしめ、さらに仏法者たらしめ、ついに信清浄の菩薩たらしめようとする利他行が願われ、最後の三願ではこのような仏道成就が全世界にあまねからんことが願われている。この章の終わりには十事究竟ということが説かれ、一切衆生のあらん限りこの十願のつきることはないと述べられている。

このように菩薩は、無量無辺のはたらきかけをもって衆生を引導し、また無量無辺の善根福徳を修め仏法を励むのである。龍樹はこの章の最後を結んで、菩薩においては衆生へのはたらきかけと、自らの修行が一つになって、上記の一々の願となるものであって、これらの願の広大なことはちょうど大空のようであり、その願のかけられている時間は未来際を尽すものであるといっている。

さて翻って菩薩の願ということをさらに考えてみたい。いったい菩薩とは誰か。今はもとより初地の菩薩のことである。かつては長く迷いの世界に沈んでいたものが、ついに「如来の家」に生まれ出て入初地の存在となったものである。したがってこの無量無辺の十大願は、生死海と呼ばれる迷いの世界に浮きつ沈みつしている自己中心の存在われらが、もしも仏道に立つことができたときには、必ずや抱くであろうところの無辺の誓願であるといわねばならない。それゆえこの誓願をわれらは龍樹の上に拝み、親鸞の上に拝む。そしてまた、われらを導きたもう善知識の上に、また同行同朋の上に拝むことができるのである。

しかしながらわれらは、『大無量寿経』によってこの菩薩の願の根源を法蔵因位の菩薩の上に深知せざるを得ない。衆生のあらん限り、自利、利他の二行の上にたって、未来際を尽して仏道を成就せしめずばあらじと誓うものは、すでに永劫の古えよりわれらのためにたてられた法蔵菩薩の大誓願ではないか。入初地の菩薩はこの法蔵の大願に生きて、法蔵の願を自らの願とする。あたかも一つの火によって燃え上がった火が、さらに次なる火を生み出すように、法蔵を根源とする願心の火が次々と入初地の菩薩を生み出す。火の根源は仏の火であり、菩薩の根源は法蔵菩薩である。

われらはここに入初地の菩薩の十願を聞いて、翻って仏の誓願を拝み、法蔵因位の本願を憶う。その高大なる志願がいま入初地の菩薩の願となって生きる。春の中に咲き出すみれやたんぽぽは精一杯の力をふりしぼって花を咲かせ、葉を繁らせ、根を伸ばそうとする。その努力、その願いのなんと真剣であり、純粋であることよ。傷ついても屈せず、踏まれてもくじけない。それは春を生きるがゆえである。春の生命が彼の生命であるがためである。菩薩の願いは堅く真剣である。それは仏願を生きるがためである。仏のいのちが彼のいのちであるがゆえである。

以上釈願品について略説したが、この章で龍樹が最も力をいれて記述しているのは第七願であり、特に「浄土」である。この第七願について述べたい。

まず『十地経』の第七願を次にあげる。

一切仏土を以て一仏土に入り、一仏土をもって一切仏土に入る。
一一の仏土無量光明荘厳にして諸の垢、穢を離れ、清浄道を具足し無量の智慧あり、衆生悉く其の中に充満せり、常に諸仏大神通力ありて衆生の心に随い示現をなさん。
かくの如きの大願をおこす、広大なること法性の如し、究竟して虚空の如く尽未来一切劫を尽し、かくの如き国土を清浄にして休息あることなし。

龍樹はこの経文を略して次の偈で表わしている。

仏土を浄めんと願うが故に、諸の雑悪を滅除せんとす。

（願浄仏土故　滅除諸雑悪）

龍樹は以下第七願を解説するに当り、はじめに不浄ということの内容をあげ、次にその浄化を述べ、終わりに浄化の世界すなわち浄土を詳しく説明している。

まず不浄とは、清浄でないもの、一つには衆生の因縁によって生ずるもの、すなわち人間悪によるもの、二つには諸行因縁によるもの、すなわち社会悪によるものである。人間悪とは、人間自身の迷妄と悪行である。人間のもつ迷いや誤りが因となり、この因に種々の縁がはたらきかけてそこに悪業が生まれてくる。無信、懈怠、愚痴、慳貪、嫉妬、怒り、邪見、憍慢、不誠実などが人間の迷妄である。殺生、偸盗、邪淫、悪口、放逸、多欲、不忍辱、短命、無気力、多病などがその悪業である。これらを衆生過悪という。社会悪とは、悪獣、悪賊が多く、土地の高低が多く、道路がなく、土地が痩せ、植物が少なく、礫や瓦石が満ち、人の心を慰める風景もなく、荒涼とした環境であって、荒地が多く、住民は少なく、大政治家も大きな商人も立派な医者も甚だ少ない。いろいろの生活用品を得ることも困難であるというような環境、これを行業過悪という。このような悪環境によって生まれた悪、たとえば殺人、強盗、伝染病などを諸行過悪という。さきの衆生過悪とこの諸行過悪をあわせて、これを不浄という。この不浄がもし転ぜられると、衆生過悪は衆生功徳となり、行業過悪は行業功徳となる。この二功徳を浄土という。「この二事を転ずれば即ち衆生功徳、行業功徳あり、この二功徳を名づけて浄土となす」とあるのがこれである。

この衆生過悪と行業過悪は、前者を正報とすれば後者は依報であって依正不離不二の関係にある。つまり衆生過悪が主体であって、その環境が行業過悪であり、この両者は離れない。衆生過悪が行業過悪を生み、行業過悪が衆生過悪をもたらす不離の関係にある。したがって衆生過悪を転じて衆生功徳に変ることができれば、そこに行業過悪も転ぜられて行業功徳となる。また、半面、行業過悪を転じてゆくことも、衆生過悪を転ずることに役立つであろう。この転ずるはたらきを浄化という。

「この二功徳を名付けて浄土となす」とは、この衆生過悪を転じて衆生功徳たらしめ、行業過悪を転じて行業功徳たらしめるはたらきの場を浄土という。浄土とは過悪を転じて浄化する功徳の場をいうことがわかる。この浄土は「まさに知るべし、この浄土は、諸菩薩の本願因縁に随う。諸の菩薩、種々の大精進を行ずるが故に、所願無量にして説き尽くすべからず」といわれる。この浄土は菩薩の本願を根本とした大精進によって生まれるのである。

このようにみると、この第七願は、「浄仏土を願うをもっての故に諸の雑悪を滅除せんとす」と読むのが適当であろう。

ここで浄土ということについて述べておきたい。

浄土は第七願ではじめ「浄仏土」とあり、仏土を浄化するというはたらきをいっている。これが浄土の本来の意味であろう。仏土を浄化するとは「諸の過悪を滅除」することである。つまり、衆生過悪を転じて、衆生功徳を成就することである。これがなされてゆく時、行業過悪は行業功徳に転じてゆく。このはたらきを浄化という。浄化の場を浄土という。浄土で浄化はおこるのである。浄化がおこらなければ浄土ではない。

この浄土はある国、ある世界、ある場所ではない。浄土は現代語でいえば場であろう。地球には地球の場がある。これを重力の場という。重力の場は目には見えない。どこかの場所ではない。はたらきであって、地球はすべての物を引きつける力をもっている。磁石はその周囲に磁場を持つ。磁場に釘をおくと、釘は磁石に引きつけられて磁石になる。磁石のはたらきの場を磁場という。目には見えないが磁石にははたらきの場がある。そのようなはたらきの場を磁石では磁場といい、地球では重力の場という。仏は衆生過悪を転ずるはたらきを持つ。その場を浄土という。

浄土は目に見える国ではない。仏の周りには菩薩があり、声聞があり、八功徳水の池がある。これらの仏の周囲のものや仏自身の功徳力が、はたらきを持っていて、衆生の過悪を除滅してゆく、そのはたらきの場を浄土というのである。したがって仏と浄土は離れない。仏がなければ浄土はない。浄土という以上そこには必ず仏がある。

第七願は、菩薩が仏になって、浄仏土をもち、この場のはたらきで、衆生過悪と行業過悪を転じてそこに衆生功徳と行業功徳を成就し、浄化の世界としたいという願である。そのため、菩薩はまず、自ら浄土をつくろうとする。したがってこの願は「浄仏土(を以て）の故に諸の雑悪を滅除せんと願う」という願である。

そこで次に「略して浄土の相を説かん」という。

> **菩薩よく阿耨多羅三藐三菩提を得て仏功徳力と法とを具足し、声聞を具足し、菩提樹を具足し、世界を荘厳し、衆生を善く利し、度すべき者多くして、大衆集会し、仏力具足す。**（『国訳一切経　釈経論部七』「十住毘婆沙論」、矢吹慶輝訳、四四頁）

これが浄土の十相である。ここから衆生過悪を転じ行業過悪を転じて、衆生功徳、行業功徳を成ずるはたらきが生まれる。これを浄仏土という。

この浄土の相は、さきに述べたように、「菩薩よく種々の大精進を行じて成就」するものであり、その本願によるものであると述べられているが、その菩薩とは一体誰であろうか。このことを考えたい。

さきに入初地品の問答において、龍樹は、初発心で無上菩提をうる菩薩をあげているが、私はその菩薩を従果向因の菩薩といった。このことはさきに述べた。この菩薩の初発心を、入初地品で説く中で、龍樹は次のように述べている。

> **この心は一切煩悩をまじえず、この心は相続して異乗を貪らない。この心は堅牢で、一切外道の中で勝つ者がない。**
> **この心は一切の衆魔も破壊することができず、この心は常によく善根を集める。この心はよく有為無常を知っている。この心は動くことなく、よく仏法を摂めとる。**

この心は無垢で諸の邪行を離れる。この心は安住で動かすことができない。この心は比べるものがない。この心は金剛のようで諸法に通達している。この心は不尽で無尽の福徳を集めている。この心は平等で一切衆生に等しくそそがれている。この心は清浄で性無垢である。この心は垢を離れ慧照明である。この心は無咎で深心を捨てない。この心は広く慈が虚空のようである。この心は大きくて一切衆生を受けとることができる。

このように数々の功徳を述べたのち、「このような無量功徳をもって初めの必定心を荘厳す」と結んでいる。「この心」は「仏心」であるといわねばならない。この菩薩は本願をもって如より来生した菩薩であって、さきに「この浄土は菩薩の本願因縁に随うもの」といわれる菩薩がこれである。この菩薩の本願のはたらきがこの浄土建立のはたらきであるといえよう。

さきの浄土の十相の中の、第二の仏功徳力具足ということについては龍樹は次のように述べている。

仏の功徳力というのは、仏の威力、功徳、智慧、無量の深法等をいい一切の仏に差別はない。しかし仏の本願因縁に随うものである。この仏功徳力には寿命無量にするものがある。仏を見る者を即座に必定に入らしめるものがあり、あるいは名を聞く者を必定に入らしめるものがあり、あるいは無量光明（つまり光明無量）をもって即時

に衆生を必定に入らしめるものがあり、あるいは光明をもって一切苦悩を滅ぼすものがある。

寿命無量、光明無量とはアミターユス、アミターバであり、つまり阿弥陀仏である。聞名とは聞其名号であり、見仏とは念仏にほかならない。つまりここにいう仏功徳力は弥陀の本願力であり、聞名と念仏によってこの本願力が衆生にいたり届くはたらきを仏功徳力として表わしているものと思われる。この仏功徳力が浄土の相の中心である。この本願こそ弥陀の本願である。

ここで注目すべきことは仏功徳力についての次の記述であろう。

仏を見るとき、即座に必定に入るとは、衆生あって仏を見る者は、即座に無上菩提不退転地に住することである。何故ならば衆生が仏身を見ると、心大いに歓喜し清浄悦楽し、菩薩三昧を得る。この菩薩三昧力をもって諸法実相に通達し無上菩提必定地に入るのである。

この諸の衆生は長夜深心に、見仏入必定の善根を種え、大悲心をもって首となし善妙清浄である。一切仏法に通達しようとし、一切衆生を度せんとするためである。この善根成就の時がきて、この仏に値うことができる。

また仏の本願の因と善知識所護の縁と二事和合して仏に値うことができる。

これらは入初地品の「厚集善根」以下八法成就して、自度、他度の願をおこして、仏力を得、必定に入るという文とよく符合している。すなわちこの入初地品の「仏力を得る」ことが、さきの「仏功徳力」を得ることである。「仏功徳力」を得るとは「仏を見るとき」である。「仏を見る」とは「仏に値う」ことである。そのためには、さきの文のように「長夜深心に善根を種え」「一切仏法に通達」「一切衆生を度せん」がためにつとめる。その善根成就の時が仏功徳力を得るときであるという。「この諸の衆生」とはわれら衆生ではない。法蔵菩薩の分身というべき存在である。実際にわれら衆生に可能なのは、後の文の「仏の本願の因と善知識所護の縁と和合して仏に値う」て仏力を得ることである。この文に易行品のはたらきが伏線として述べられている。

次に浄土の十相のうち第三の法具足以下について略記する。

法具足……一切諸仏の法が皆具足している。法には略説あり広説あり、二乗の法あり、大乗の法があり、すべて一切諸魔に破壊されず菩薩に依って受け持たれている。

声聞具足……仏を離れない声聞がいる。これらについてはすでに序品で述べたので略する。

菩提樹具足…大樹がある。光り輝き香りにみち、清涼である。

世間荘厳……菩薩は十方清浄の国土の最妙を観察して、大願をおこし「われ功徳を修集し、得るところの国土を第一無比ならしめん」と願う。
衆生善利……浄土の衆生は端正で病患なく、光明無量、寿命無量である。
可度具足……仏が一座説法したまえば恒河沙の衆生が同時に得度する。これは衆生が
　　宿世の善根を種えているからである。
大衆集会……福徳の人、菩薩がすべて集まる。
仏力具足……四十不共法尽く具足している。
以上の浄土の願からみて、次のことがいえよう。
1、入初地品の「仏力を得て初地に入り大願をおこす」、その仏力とは、この浄土の仏の願力功徳のはたらきにほかならない。
2、この願のはじめに述べられている「諸悪を滅除し、衆生過悪を転ぜしめる」はたらきは、衆生においてはいかなる者も成就し得ないものである。これは人間のはたらきではなく、ただ如来にだけ具わった功徳である。悪を転じて徳とする力は仏にのみある。
3、龍樹は一切功徳の根源を弥陀の浄土に仰ぎ、ここに衆生功徳、行業功徳を成就し、国土を浄化するはたらきを見出した。
この龍樹の解釈を天親の『十地経論』における第七願の解釈と比較すると、浄土の具体相において大きな相違がある。『十住毘婆沙論』の方が具体的であって、浄土のはたらきをよく理解することができる。これに対すれば『十地経論』は甚だ観念的で、具体性に欠

けている。『十地経論』は天親の基礎学の段階で、まだ『無量寿経優婆提舎願生偈《むりょうじゅきょううばだいしゃがんしょうげ》』における浄土の領解からは遠い時期に書かれたものであることが窺える。『十地経論』の記述は次の通りである。

論に曰く、第七大願浄国土の相に七種ある。一つは同体浄で、「経」のように一切仏土が一仏土であり、一仏土が一切仏土とひとしい。二には自在浄で、「経」のように一切国土が平等清浄である。三には、荘厳浄で、経のように一切仏土が神通荘厳光相具足している。また光明荘厳衆宝等荘厳している。四には、受用浄で「経」のように一切煩悩を離れ清浄道を成就している。五には、住処衆生浄で「経」のように無量の智慧の衆生が悉くその中に満ちている。六には、因浄で「経」のように仏の上妙平等境界に入っている。七には、果浄で「経」のように諸の衆生の心の所楽に随って示現する。また、智慧神力を顕わす。

このように『十地経論』の浄土の解釈は、「経」の文を仏教の知識をもって敷衍したものに過ぎないもののように思われる。

第六章　発菩提心品

発菩提心品は次の問いから始まっている。

「**初発心がすべての願の根本である。初発心とはどのようなものか**」

この問いに続いて龍樹は偈を述べている。

「**初めて菩提心をおこすには三、四の因縁あり**」

入初地品から釈願品までの偈は、一応、『十地経』の意を簡略に表わしたものともいえる内容であった。しかし、この発菩提心品から以下、調伏心品、阿惟越致相品さらに易行品、除業品などは、『十地経』によるべき経文がなく、したがってそれらの偈は龍樹が以下に述べる自己の論述を略出したものになっている。それでは、なぜ龍樹は、『十地経』にない内容を述べるのか。このことが明らかにならないと『十住毘婆沙論』の意義はわからない。したがって発菩提心品以下の諸章の心を明らかにすることが『十住毘婆沙論』の解明の中心問題といえる。

本論の要は、繰り返し述べているように、鈍根懈慢の存在が、いかにして仏力を得て入初地を果たし得るかということを明らかにすることが本旨である。これが本論が『十地経』の「毘婆沙論」である所以である。

発菩提心品はこのような龍樹の「毘婆沙」の展開の第一歩である。それは『十地経』の文面の解釈ではなく、経文にない異なった文章を出して、これを展開し、ついに庶民大衆の救われてゆく道を明らかにして経の真意を明かすもので、『十住毘婆沙論』というほかに表わしようのない意義をもっている。

龍樹は、さきの偈に続いて、初発心がすべて因縁和合しておこる、その因縁に七つあることを述べ、この七因縁を偈で説明している。

「一には、如来が衆生に発心をおこさせる、

二には、仏法の崩壊を見てこれを守護しようとしておこす、

三には、苦悩の人々を見て大悲をおこして発心する、

四には、菩薩の教導によって発心する、

五には、菩薩の行業を見てそのようになりたいと願っておこす、

六には、自ら仏や僧に布施することによりそれが縁となって発心する、

七には、仏身の相貌を見て歓喜して発心する」

「これらの七つの因縁で発心すれば、みな発心が長く続いてすべて成就するのか」

「必ずしもすべて成就するとは限らない。成就するものもあり、成就しないものもあ

る」

「それを詳しく説明してもらいたい」

「七発心のうち、仏が教えて発心させたものと、仏法守護のために発心したものと、衆生を大悲しておこした発心との三者は必ず成就する。しかしその他の四つの発心は必ずしもみな成就するわけではない。これらの場合は成就しないことが多い。それは発心の根本が微弱であるがゆえである」

初発心は求道への出発点であって、これなくしては入初地はおろか、そもそも仏道への踏み出しがなされない。もとより入初地のためには、単に初発心がおこるだけでは十分でなく、それが継続一貫され、いかなる困難にも打ち勝って、聞、思、修の修行の段階にたえねばならない。努力なしに収穫を得ることは、何事においても不可能である。その継続一貫、努力精進の根源となるものが初発心である。その初発心は、上記のように因縁によっておこされる。われわれ自身の求道においては、この七つの因縁のうちいずれの因縁に該当するであろうか、必ず成就するといわれるはじめの三因縁の中にあるのか、あるいは多く成就せずといわれる後の四因縁の中にあるか、考えねばならないことである。

まず仏が教えて発心をおこさせるという第一の因縁は、具体的にはどのようなことであるのか、今は明瞭でない。第二の護法、第三の大悲などは、出発点における私の立場では到底おこり得なかったものである。私個人でいえば、第四の「菩薩の教導によって発心する」という因縁が最も当っている。これは私だけではなく、大部分の人において、この第四及び次の第五の「菩薩の行業を見て発心する」という因縁が最大の因縁となっているのではあるまいか。

この第四の因縁について龍樹は次のようにいっている。

諸仏、あるいは菩薩は、よく衆生の利鈍、差別などをわきまえ、その衆生を導くに適当な方法を知り、またよく求道心を守護する。このような仏や菩薩の教導によって初発心がおこされる。

また第五の因縁については、

菩薩がよく道を行じ、種々の善根を修め、多くの衆生を教化し、不惜身命、多くの利他行を励み、広修多聞し、世の人にすぐれ、疲れ苦しんでいる衆生のために尽し、仏教に安住し、その心が清浄である。

人あってこのような菩薩を見て、この菩薩の行ずるところを私も行じたいといって道心を発起する

ものであるといっている。

現実の人生において、仏法者が誕生する因縁には、種々様々のものがあろうが、上記の第四と第五の菩薩のはたらきによる因縁が一番多いのではなかろうか。

思えば菩薩が地上に誕生して自利利他の行をひろめるそのはたらきによって、仏道を求める初発心の求道者が次々とこの生死流転の世界から誕生するのである。このような求道者をついに入初地の菩薩たらしめ、これによって三宝を紹隆し、仏種をして断絶せしめないはたらきを展開することこそ、龍樹が、この『十住毘婆沙論』の序品において述べた造論の趣旨そのものである。無量無辺の生死流転の海にむかって、衆生無辺誓願度《しゅじょうむへんせいがんど》（衆生は無辺なれども誓ってこれを度せんと願ず）仏道無上誓願成《ぶつどうむじょうせいがんじょう》（仏道は無上なれども誓って成ぜんと願ず）と誓願する菩薩の存在こそ、現実人生において人々の上に初発心をおこす最大の因縁であろう。

ところで以上の七つの因縁のうち初めの三つの因縁は、その根本が深く、必ず成就するといわれる。後の四因縁は大部分は発心が成就しない。しかし一部の人は成就するという。この後の四縁の人の相が次の調伏心品に述べられている。

第四、第五の因縁によって、仏道に発心したわれらの大部分は、この調伏心品に該当する存在であり、「多く（仏道）成就せず」の輩であると述べられている。

第七章　調伏心品

調伏とは、調は調御、伏は伏止である。調御とは、たとえば、音階の狂っている楽器を調律して正しい音階に調整し、荒れ狂って手のつけられぬ馬を訓練して乗馬できるようにする。このように、正しくないものを正しくすることを調御という。伏止とは、悪いものを除き滅することをいう、このように心を調御、伏止してゆく内容を表わすものが調伏心品である。

「さきの発願心品では、はじめの三発心は必ず成就し、他の四発心は必ずしも成就しないとあるが、なぜそのようになるのか」

「菩薩が発心をおこしても、もし菩提心法を失うと発心成就せず、菩提心法を失わねば成就が可能である。はじめの三因縁は、菩提心法を失わず、他の四因縁はこれを失いやすい」

「菩提心を失うような法（ものがら）とは何か」

「一には不敬重法、二には憍慢心、三には妄語無実、四には不敬善知識がそれだ」

この四法が菩提心を喪失させて、「われは求道の行者なり」という自覚を失わせ、菩薩としての修行をしなくなり、聞法の席に現われなくなる最も大きな原因である。

まず「法を敬重せず」ということは、仏法に対し、恭敬し、供養し、尊重し、讃嘆をしなくなり、仏法に遭遇して、希有であると喜び、ありがたいと感ずるような思いをなくすることをいう。この事柄が求道心を失わせるのである。

「憍慢心」とは、自ら心高ぶることで、まだ身についていないものを、身についたと思い、まだ充分わかっていないのに、もうわかったと思うその心である。仏法はまことに深奥、無涯底、常に謙虚恭敬の態度で聞き、実行するという姿勢が大切である。これがくずれると憍慢になる。憍慢が菩提心を失わせる物柄であると龍樹はいう。

「妄語無実」とは、妄語には、重いものも軽いものもあるが、いずれも実語でなく、人を欺く言葉を妄語という。軽い妄語であっても、それが長い間かさなると、重いものとなり、ついに発心を失わせるようになる。

「善知識を尊敬しない」とは、善知識すなわち指導者に対し恭敬、尊敬の心を生じないようになることである。はじめは尊敬の念をもっていたものが、だんだんとなれてくると、この心を失ってゆく。

このような四法を重ねてゆくと道心はついに消失してしまう。

「ただこの四法だけが菩提心を失わせるのか、ほかにまだあるか」

「最要の法を惜しんで与えないもの、小乗の楽しみを貪るもの、菩薩を誹謗するもの、求道者を軽賤するもの、これらもまた同様である」

「最要の法を惜しむ」というのは、得がたい深い法義を自分では知っており、その法はたいへん人々のためになるものであるのに、これを教えるとその人が自分と等しいものになることを怖れて、惜しみ隠して、教えないことをいう。

「求道者を軽賤する」とは、人あって、よく精進し求道しているが、論議が下手であったり、弁舌が巧みでなく、あるいは外から見て威徳が感ぜられないときには、これを軽んじ賤しめる。この心によって自分自身の菩提心が失われてゆく。

善知識に対し、心に恨みを抱き、また反対に諂曲《てんごく》の心があるもの、及び利養を貪る者も、同様である。

諂曲とは心がずるく、曲っていて、媚びへつらい、心にもないことを口に言い、動作に表わして、相手の御機嫌をとろうとすることである。利養とは、金銭や財産を求め、その他称讃、尊敬などをいつも求めているもので、このような心は、人間の純粋な心をこわし、深く菩提を求める心を押さえつけてしまう。ちょうど深い色に染まった布地は、もはやすぐれた染料をうけつけないようなものであると龍樹はいっている。

「また諸々の魔事をさとらず、菩提心劣弱であること、及び業障と法障、これらの四つもまた菩提心を失わせる」

魔事をさとらないと、これを制圧できない。これを制圧できないと、むざむざ、その跳梁にまかせる破目になり、ついに菩提心を失うこととなる。

「魔事とはどのようなことか」

「仏の教説が説かれるとき、速くそれを喜べないで（不疾楽説）、その教えをありがたく頂戴するまでに、よほど時間がかかること、これが魔事である。また、喜んで説法を聞いているとき、いろいろのことがおこってきて聞法を妨げられること、これも魔事である（余縁散乱）。また、書物を読んだり、説法を聞いたりしているとき、心の中にいろいろなものがおこって心が集中できない場合、これも魔事である（其心散乱）。また、説法のときほかのことを連想して、そのことに心が引っぱられたり思わずしのび笑いをしたりする。これも魔事である。お互いに話しあうとき、議論になってしまって、両方の意見が対立し、本当のわけがらが通じないようになる、これも魔事である。説法の座で、「自分には関係がない、聞きたくない」などという心がおこって、とうとう帰ってしまう。これも魔事である。また聞法のとき、説法の中に政治や、戦争や、経済や世間の愛憎や、父母兄弟、その他の男性のこと女性のこと、着物、食物、薬のことなどが説かれると、それによって心が散乱したり、またそれに喜んで、仏法の心を失ってしまう。いずれもこれらは魔事である。また、説法の中で、地獄の諸苦を説くとき、このような苦しみを早くすべて尽して、浄土に往生することが、わが身の利益であると説く人がいたり、あるいは世間での金儲けや、立身出世や、その他の幸福を称讃し、そのようなものを得るのが、大利を得ることだと説く人がいるが、これらはいずれも魔が説教者に化けているのであって、これらの内容、ことごとく魔事である。このように、一切の善法に対して障害となるものを、すべて魔事という」

「菩提心劣弱」というのは、煩悩力が強いということ。煩悩が強いと道心は弱いわけで、このとき発菩提心の芽はしぼんでしまう。「業障」とは、人を求道から逆転させるようなはたらき、またははたらきかけをいう。「法障」とは不善の教えを喜び、真実の教法を憎むことをいう。

これらの四法が、菩提心を失わせる。龍樹はさらに、次々に別の四法を述べ、総計二十の物柄（法）をあげて、これを失菩提心法としている。そして反対に、不敬重法の代りに教えを恭敬し、憍慢心の代りに謙虚に立ち返り、妄語をやめ、深く善知識を敬重する、等の二十の善法を行ずるならば、これが菩提心法であって、これによって菩提心が成就するという。

さきの発菩提心品のはじめの三縁、すなわち、如来が発心せしめるもの、護法のゆえの発心、及び大悲に依っておこす発心は、上述の失菩提心法の反対の、この二十の善法を修める人たちの発心である。それゆえ発心が成就する。発心の根本が深いからである。

この人たちはさらに大願をおこして願心を次々に増長させてゆく。その大願とは次のようなものである。

実語し敢えて妄語せず、諂曲を行ぜず。

衆生にすすめて菩薩に対する恭敬心を生ぜしめ、

力をつくして大乗を行ぜしめん。

さきの二十の善法と共にこのような大願をもって菩提を求める願心を増長し、後にこの清浄の大願を成就する。したがってこの菩薩は、さきに述べた初発心のままで入初地を果たしてゆく従果向因の菩薩であり、具体的には法蔵菩薩であろう。残りの四縁の存在、すなわち愚鈍懈慢のわれらには、二十の菩提心を失わせる物柄がすべて具わっている。その中で最も大きなものは、菩提心劣弱と業障及び法障であろう。煩悩の力が強くて道心の方が劣って弱い、これが菩提心劣弱である。このため生死流転してそれから脱出できない。これを業障という。これが鈍根懈慢の者の通弊である。法障とは教法に対する発願の思いの浅さである。この三者は、生死の大海に沈迷する愚鈍の存在にとってきわめて克服しがたいものであって、このためさきの四縁をもって発心した衆生は、ついにほとんどすべての失菩提心法の中に引きこまれ、発心の成就しない存在に堕してゆく。調伏心品はわれらのこのような現実を知らせるものである。

第八章　阿惟越致相品

阿《あ》惟越致《ゆいおっち》は、阿《あ》毘跋致《びばっち》ともいわれ、訳して不退転といい、また必定ともいう。無上菩提に向かって退転することなく、必ずそこにいたるに定まっている位をいう。この位につくことを、住不退転、または、入必定といわれる。人は求道の旅路において、どのように精進し、努力してみても、中途で行き詰まったり、止まったりして、前進できず、とうとうやめたり、方向転換したりして、ついに目的地に達することができない場合が少なくない。途中で立ち止まると、急な坂を重い荷車を引いて登るときのように、ずるずるとあとずさりしてしまって、もとの所に帰ってしまう。仏法において、このような退転の危険をはらんでいる段階を惟越致といわれる。

これに対して、どんな急坂でも、とにもかくにも登りつめて、平坦な所に出ておけば、そこでは、少々休んでも、もはやあとずさりをして退転するということはない。このようなところを阿惟越致といわれ、不退転、または必定といわれるのである。したがって、すでに述べたように仏法の第一の目標は、この不退転地に入ることにある。

『十住毘婆沙論』では、この不退転地を初地といい　ここに到達することを入初地という。これができると、初地から二地へ、二地から三地へ、ついに十地へ、さらに無上菩提へという進展は、まことに容易である。あたかも竹を割るとき、第一の節を割ることがむずかしいが、これさえ割れると、あとの節は力を用いずに割れてしまうように、初地を得たものは、自然《じねん》に進展をとげて、ついに無上菩提に到達するのであって、もはや決して後退をするということがない。それゆえ、初地を阿惟越致と呼ぶのである。『十住毘婆沙論』の目的とするところは、迷いの世界に溺れ沈んでいる衆生われらを、この阿惟越致、すなわち初地不退転の菩薩たらしめることにある。

「菩薩の中に、入初地ができる菩薩（阿惟越致の菩薩）と、できない菩薩（惟越致の菩薩）とがあるというが、それらの様相はどうか」

「一切の人々に平等な心をもち、
他の人の利養を嫉妬せず、
たとい命を失っても、説法をする人の過失を言いたてない、
深く仏法を信楽し、
恭敬を貪らず、
この五つの物柄を具えた者が、阿惟越致の菩薩である」

この五法のうち、はじめの「等心衆生」を除く四法は、すでにさきの調伏心品に表わさ

れた二十法のうちに出ているものと、ほとんど同じであるが、この「等心衆生」は、初めてここに出されたものである。

「さきに諸仏菩薩に恭敬せよと君はいったが、衆生に対しては何も言っていない。また、さきには諸仏菩薩に親近し、恭敬し、供養せよと説いているが、衆生に対しては触れていない。今、一切衆生に対して、等心無二であれというのは、どういうことをいうのか」

「もし人あって、この菩薩を見ること、怨み深い盗賊のように見るものがあり、また、父母のように親愛して見るものもあり、またその中間の見方をする者があっても、このような三種の人々に対して、すべてを利益し、助けたいと思い、心になんらの差別がない。これを等心衆生というのだ」

われらは指導者である諸仏、菩薩、善知識に対し、尊敬をはらい、供養をする。これは当然のことである。また、自分を敬愛してくれる人に対して、これを導いてゆきたいと思うのは、普通の事柄である。しかし、怨親平等、一切の衆生に対して、差別なく接し、あまつさえこれらをすべて平等に助けようと願うようなことは、われらにおいては、まったくの難事ではなかろうか。仏法においては、平等心は八地以上の大菩薩において、初めて成就すると説かれている。しかしながら、この心を具足して初めて、阿惟越致の菩薩たる資格をもつのであると龍樹はいう。そこにわれらは、おぼろげながら、阿惟越致という天地が、われらの手の届かぬ境地ではなかろうかとの疑懼をもち始める。

「阿惟越致に到達できない菩薩（惟越致）とはどのようなものか」

「惟越致の菩薩に二種ある。一つは敗壊《はいえ》の菩薩、一つは少しずつ前進して阿惟越致にいたる菩薩だ」

「その敗壊の菩薩の様相はどうか」

「志幹がまったくなく、好んで下劣の法を楽しみ、深く名聞利養に執着し、その心が端直でない、他の家を嫉妬し、空法を信楽しないで、ただ言説を貴ぶ、これが敗壊の相である」

「志幹あることなし」というのは、顔色が冴えず、威徳が薄いことをいう。しかし、それは外貌ではない、内面的な求道のエネルギーが薄弱であることをいう。仏法を修め、悪を除こうとする力を志幹というのであって、たとえば、諸天の王のように光輝く姿をしていようとも、もし善法を修め、悪法を除く力がないときは、これを「志幹あることなし」といわれる。しかし、たとい顔色は悪く、身体は醜くて、顔かたちは餓鬼のようであろうとも、よく善を修め、悪を除こうと努力するものは、これを丈夫志幹というのである、と龍樹は述べている。

「好んで下劣の法を楽しむ」というのは、大乗に対しては小乗などを下劣の法という。また、仏教に対しては外道の教えを下劣という。一切の外道の論議は、自己中心を離れず、自己の利益追求を根本において、結局、ますます迷いを深めるものである。このような法に従い、悪い物柄に近づき楽しむところに敗壊の姿がある。

「深く名利に執着する」とは、布施をうけたり、物や金銭を手に入れたり、または、ほめられたりすることに深い関心をもち、あれこれと、そのための手段を考えることをいう。清浄な法の味わいを得ないため、このようなことを貪り楽しむのである。

「心が端直でない」とは、諂《へつら》い、曲った心で、人を欺きだますことを何とも思わぬことをいう。

「他家を嫉妬し」とは、他の人が布施を得、尊敬をうけ、讃嘆されるのを見て、嫉妬心が生まれ、心が暗くなってふさぎこんでしまう。これは、心不浄であり、自己中心の思いが深く、名聞利養に執着するがゆえである。

「空法を信楽せず」とは、空法とは人間の自己中心の執われを打ち砕き、我執、法執を離れて、懺悔、合掌せしめる教法である。そのような教法に直面し、対決することがなく、それを願わず尊敬しない。それは本当に仏法に通達しないゆえである。

「ただ言説を貴ぶ」とは、説法のことばや文句を楽しむだけで、それを実行しようとしないことをいう。求道聞法しても、ただ口のさき、頭だけのことに終わり、本当にその教説を実行し体解して、その中心を理解することができない。それらの相を、敗壊の相という。

ここで龍樹は、馬の喩えを出している。たいへんな悪馬があって、まさしく馬の形をしており、馬という名で呼ばれるものではあるが、荷物をつけると振り落し、人も乗せず、車も引かない。馬であって、馬のはたらきをしない。これを敗壊の馬という。ちょうど、このように、菩薩と呼ばれ、聞法者といわれてはいるが、それは名ばかりであって、実際の実行が伴わないもの、これを敗壊の菩薩というのである。

「だんだんと精進して、やっと阿惟越致にいたるという転進の菩薩の様相を聞かしてくれ」

「菩薩、我を得ず、また衆生を得ず、説法を分別せず、また菩提を得ず、相をもって仏を見ず、この五功徳をもって大菩薩の名を得、阿惟越致を成就する」

転進の菩薩はこの五功徳を行じて、阿惟越致にいたるのである。「我を得ず」とは、自己執着を離れること、自己中心の思いを脱却することをいう。「衆生を得ず」とは、人々をわが物として見ず、また親疎の思いをもって執着しないことであろう。「説法を分別せず」とは、菩薩は説法を信解し、それに通達して、分別しない。分別というのは、対象化である。説法を知性の対象として頭だけで理解しようとする態度である。「菩提を得ず」とは、菩薩は空法を信解し、菩提を固定化して考えない。「相をもって仏を見ず」というのは、菩薩は無相の法に通達し、仏の色や形にとらわれない。「色は仏にあらず、されど色を離れて仏あるにあらず」と通達するのをいうといっている。この五功徳を得て転進する菩薩はわれら凡夫ではない。われらはこのような徳を成就する力を持たない存在である。

「そのような五つの物柄が得られたら、阿惟越致にいたるのだということはよくわかった。それでは、阿惟越致とはどんなところか、その様相を教えてくれ」

「それはすでに経典の中に詳しく説いてある」

そこで龍樹は種々の経典から引いて説明する。菩薩は、凡夫地、及び仏地を観察して、それらを別け隔てせず、無二と観じ、それらのいずれにあっても後悔したり、逡巡したりしない。これを阿惟越致というのである。

また、他人の長所、短所、好醜を見ず、言わず、外道の説を喜ばず、知るべきものを知り、見るべきものを見、天を拝まず、神をまつらず、悪道に堕ちず、常に自ら十善行を修め、また他の人にすすめて修行させる。人々のために尽し、これらを道にあらしめようと努力し、得た果報は人々と共に楽しむ。言葉は少なく、争いを好まず、高ぶらず、人を卑しまず、吉凶を占わず、世間の話を楽しまず、護法のために命を惜しまない。このような姿を、阿惟越致相という。

阿惟越致相の終わりに次のように言っている。

あるいはいまだこのような相を具足していない者がある。これは間もなく阿惟越致に入る者で、後の諸地に随って善根を修集し、その善根が深まるに随ってこの阿惟越致相を得るにいたるのである。

始めは退転の菩薩であったものが、のちに転進して不退転にいたる菩薩とは、発菩提心品の四因縁によって発心し、「多く成就せず」といわれた存在でありながら、後に上地の善知識によって善根を修集してやがて不退転に入ったもので、いわば不可能から可能に進展した存在である。ここにわれらの道がある。

さきの文はこのようにして転進した相であろう。

この原文はやや読みづらい文であるので、特に次にあげておく。

或有未具足（阿惟越致相）者。何者是、未久入阿惟越致者、随後諸地、修集善根、随善根転深故、得是阿惟越致相。

（あるいはいまだ〔阿惟越致相を〕具足せざる者あり。何者かこれや、いまだ久しからずして阿惟越致に入る者なり、後の諸地に随いて、善根を修集し、善根転深に随うが故に、この阿惟越致相を得）

「随後諸地」とは次の易行品において述べられる諸地の菩薩に随って教えられるということであろう。「随後諸地」はそれ以外には理解しがたい。転進の菩薩とは敗壊の菩薩となるほかない存在が諸地の菩薩の勧め励ましによって弥陀の本願に遇い、不退位に進み得た者であろう。この転進の菩薩は、退転の存在で本来、敗壊の菩薩と同根であり、共に菩提心劣弱であって「多く成就せず」といわれている存在である。転進の菩薩とは、敗壊の存在にほかならない。この転進の菩薩が易行品の対象である。この転進の存在の本来の姿を敗壊の菩薩という。敗壊の菩薩として終わるしかない存在が、上地の存在の勧めにより他力易行によって不退位に入るとき、これを転進の菩薩というのである。本来敗壊の存在でしかあり得ない退転の菩薩が、転進の菩薩たり得る道が示されているのが易行品である。

【検討】

1、武邑尚邦師は次のように述べている。

敗壊の菩薩とは〈中略〉実は二乗法を信楽し、二乗に堕し自らの利楽のみを求めるものをいうのであり、これが正しく「菩薩の死」といわれるものである。このような堕二乗のものは、決して二度と大乗法に帰入しえないので、敗壊した菩薩は名のみの菩薩であるというのである。(『十住毘婆沙論研究』一一一頁)

この「堕二乗のものは、決して二度と大乗法に帰入しえない」という説はいかがなものであろうか。

龍樹は次の易行品の弥陀讃偈の中で「超出三界獄、目如蓮華葉、声聞衆無量、是故稽首礼」と述べている。これはもちろん、弥陀の徳を讃嘆した偈である。弥陀仏は常に無量の声聞を随伴している。その声聞は三界を超出した清浄人で、目は蓮華の葉のようである。そのような声聞を無量に生み出した弥陀の徳を讃嘆して、このゆえに稽首し礼したてまつると龍樹はいっている。この存在をなぜ声聞というかといえば、一つにはもとは二乗であって、さきに武邑師のいわれるような自己の利楽のみを求める声聞であったものが、今は菩薩となったものを示している。二つにはこの存在は、弥陀の教えを聞く真の意味における声聞という名の菩薩をいうのである。序品の「帰敬偈」において龍樹は声聞辟支仏に恭敬礼拝している。また釈願品第七願の浄土の声聞無量の内容をみると、声聞は決して二度と大乗の菩薩となり得ない存在ではない、否、この菩薩の死と言われる二乗を菩薩たらしめるはたらきこそ、大悲真実のはたらきではなかろうか。さらにまた、われらが自己自身の求道の相を内観するとき、誰が自らを声聞辟支仏でないと断言し得るであろうか。

龍樹は自らの中に二乗の心を凝視すればこそ「菩薩の死」を自らに見出し、その世界から助けられた喜びを「故我頂礼弥陀尊」と弥陀を讃仰したのであろう。

私は上記のとおり、易行品は退転の菩薩すべてを対象として説かれたものであると思う。龍樹は序品で、鈍根懈慢の人を助けることを願っている。鈍根懈慢の者は、求道においてすべて敗壊の存在でしかない。序品のほかにも、さきの阿惟越致《あゆいおっち》相品の最後の文を見ると龍樹が本論において対象とした存在は、「いまだ阿惟越致相を具せざる者」、すなわち退転の者すべてであると考えざるを得ない。退転の菩薩とは、上述のとおり、初発心が根本微弱で、敗壊の菩薩となるほかない存在である。その存在が不退の菩薩となってゆく道を示すものが『十住毘婆沙論』ではないか。敗壊の菩薩となるしかない者が易行の一門に入るとき、転進の菩薩として誕生し、阿惟越致地の相を獲得することができることを明らかにしようとするのが易行品であり、龍樹が明かそうとした中心点である。阿惟越致相品はその前提として、退転の菩薩と不退転の菩薩の相を示すものである。

2、武邑師は、易行品は、漸々に精進して菩提を得る転進の菩薩に対し設けられたものであるとし、古来の解釈、たとえば東陽円月師の『易行品略解』の「「易行品」は敗壊の菩薩の為に説かれたものとしている」という説を正しくないとして排斥している（『十住毘婆沙論研究』一一一頁）。そして「「易行品」は「敗壊するような菩薩」ではあっても、堕二乗の敗壊菩薩でなく、むしろ漸々に精進をする惟越致の菩薩の為に開示されたものと理解すべきであろう。このような菩薩道を「易行品」「除業品」「分別功徳品」の三品で明らかにするのである」（同書、一一二頁）と説いている。私はさきに述べたような立場から同師の説に賛成できない。「除業品」「分別功徳品」に対する考えも同様である。円月師の説を正しくないとするのは行き過ぎであろう。

3、さらに考えると、釈尊の成道とは何であったか。

さきに入初地品では、釈尊は初発心において無上菩提心を得ず、長い年月の修行を経て功徳を修め、燃燈仏に遇うて阿惟越致地に入ったと述べられている。このことを阿惟越致相品からみると、釈尊は退転の菩薩であり、したがって易行の一門によって不退位に転進した菩薩であるといわねばならない。釈尊さえもそうであるとすると、地上の存在はいかにすぐれた求道心をもって発願した者も、すべて菩提心微弱であり、発心成就せず、調伏心法に敗れて敗壊の菩薩となるほかない存在であるといわねばならない。これはこの世に生まれた者は、一人として、自らの力で不退の菩薩たり得る者はいないことをいわれているのである。したがって龍樹の論は、発菩提心品から以来、この阿惟越致相品にいたるまで、人間が仏法によって救われてゆく道は、ただ易行の一門にあるということを明かそうがための論である。『十地経』の真義はここにあることを示そうとするものが『十住毘婆沙論』であるといわねばならない。まさにこの点を明らかにすればこそ十住「毘婆沙論」である。

「毘婆沙」についての私見はすでに繰り返し述べたが、武邑師の「毘婆沙」にそって解してみると次のようになる。

毘婆沙は、「種々の説をかゝげ、それらを批判しながら、やがて勝説を確立してゆくような体裁をもつもの」をいうと考えられる。(『十住毘婆沙論研究』一七頁)

本論は、『十地経』の真意を明らかにしようとして発菩提心品・調伏心品のような『十地経』にない「種々の説をかゝげ」、二種の菩薩すなわち初発心をもって直ちに入初地できる菩薩と、そうでない退転の菩薩をあげて「批判しながら」、やがて阿惟越致相品、易行品にいたって、ついに敗壊の菩薩としてしかあり得ない存在である退転の菩薩が、易行の一門によって、不退の菩薩となって転進し得る道があることを明らかにし、『十地経』の本意を明白にし「勝説」した。それが易行品であり、また除業品である。これを『十住毘婆沙論』というのである。したがって『十住毘婆沙論』は入初地を説けば、それで『十地経』を毘婆沙する役割を充分に果たしており、必ずしも二地以上を説く必要はない。

『十住毘婆沙論』が第二地の一部までしか訳出されなかった理由は、ここにあると考えてよいのではなかろうか。

第九章　易行品

易行品は次の問答で始まっている。

「阿惟越致《あゆいおっち》の菩薩の様子はよくわかった。しかし、その世界に到達するには、多くの難行を行じなければならないし、また長い時間がかかるようだ。そうすれば、途中で声聞地や辟支仏地のような二乗地に堕落する可能性もある。二乗地に落ち込むことは「菩薩の死」と説かれ、「仏道の妨げをする者となる」ともいわれているから、全くおそろしいことだと思う。こういうわけだから、諸仏の教えのなかで易行道というようなものがあって、はやく阿惟越致地にいたる道はないかどうか、それを聞かせてくれ」

「何ということを言うのか。君の言うことは、めそめそしただらしないふにゃふにゃの弱虫の言うことで、いやしくも仏道を求めようとするものの口にすべきことではない。もし願をおこして求道の道に立ち、無上菩提を得ようとするのであれば、道が得られるまでは、不惜身命、昼夜を別たず、精進を重ね、頭の髪に火が燃え移ったのを、揉み消すような勢いで努力すべきではないか。二乗の人たちのように、ただ自利のために求める者でも、常に精進しなければ、その悟りは得られない。まして菩薩は、自利のみでなく利他を願うものである。だから二乗の人の何億倍もの努力を払うのが当然ではないか」

龍樹は、易行品のはじめに、易行道を説くことを請う者に対し、このような激しい叱責を与えている。彼は続けていう。

「そもそも大乗仏教を行じようというほどの者は、仏道成就のための願は、三千大千世界を一人で持ち上げるよりも重いことを知らねばならぬ。これすでに仏説である。しかるに、君のことばは一体なんということだ。もし阿惟越致地にいたる易行道があるならば、聞かしてくれというようなことは、弱虫の、愚か者のいうことで到底丈夫志幹の言ではない」

この龍樹の大声叱咤は、まことにわれらの胸を差し貫いて、儜弱怯劣、あるいは、怯弱下劣と、面罵されるその声が、耳底に鳴り響くようである。いわれてみれば、まことに、その言葉のとおりである。「困難だ、時間がかかる、途中で堕落の心配もある」というようなことを、まだろくろくやってもみないうちから、あれこれ言って「簡便な道はないか、易行はないか」「インスタントの早わかりはないか」などと求めることは、まじめな求道者のいうべき言葉ではないであろう。たといその道に大きな障害があり、困難が横たわっていることがわかっても、また、何年も何年も時間がかかろうとも、どうしてもやりぬくぞ、という気持をもって進むのが当然である。

このように龍樹の叱責は、われらの道心を刺激し、求道の旅を再び前進すべく、歩を進めさせる。しかしながら、何歩か進み、何年か経るうちに、われらはまたも目前に大きな壁を見出してくる。その壁はいわば、教法のさし示す「かくあるべき世界」と、われらの実生活における「かくある」現実との間の深い断絶である。「頭燃を払うがごとく、日夜をわかたず精進し、聞法し、思索し、実行せよ」という、これが教法の示す「かくあるべき世界」である。それに対してわれらの現実は、あるいは本能的な衝動に迷い、あるいは日常的生活に追われて、そのような教法の実践は、到底不可能な現状ではないか。この両者の間の大落差にぶち当るとき、われらは再び龍樹に問わざるを得ないであろう。

「龍樹よ、あなたがさきにいわれたお言葉はよくよくわかりました。それで、そうあるべきだと思って、努力はしてみたのですが、とても私にはできそうもありません。龍樹よ、仏法にはほかに別の道はないのですか、私に可能な道はないのですか。あればぜひ教えてください」

龍樹は、またも答えるであろう。

「愚か者め、お前のような薄志弱行で、どうして仏道の成就ができるか。やり直せ、もう一度やってみよ」

私は思う、「よし、もう一度やってみよう」と。そこでまた求道を続けてゆく。しかし、道は開けない。相も変らず、行きつ戻りつであり、再三、再四、出発のやり直しが繰り返される。一歩進むかと思うと二歩後退し、三歩進んだかと思えば、ずるずるといつのまにかもとの木阿弥にかえる。このような繰り返しののちに、私は最後に龍樹の前に出て、次の問いを問わざるを得ない。

「龍樹よ、私はもう何度も何度も繰り返し、やり返して努力してみました。しかし、堂々めぐりで、結局一歩も前進できません。私は仏道には不適当な人間で、おそらく仏道の器でないのだと思います。けれども、仏法は非常にすぐれた道であります。私は一度やりかかった事は、何とか果たしとげたいという気持で心は燃えています。意地でもやりぬきたいと思っています。それ故、最後にお聞きしたい。龍樹よ、仏道において、私に可能な道はないのでしょうか」

彼は、そこにおいて初めて答える。

「汝、もし必ずその道を聞かんと欲するならば、今まさにこれを説くべし」

ここに説かれるものが易行品である。

易行道という言葉は、何か安易な道、てっとり早くて簡単にできる道という感じを与えやすい。それゆえ、人は努力もいらず苦労もいらぬ、安あがりの道が易行だと考えがちである。難しい修行よりは、たやすい道を、長くかかるものよりも今すぐできる道をとろうとして、人は打算のわなに陥りやすい。しかし打算は宗教ではない。真実宗教は打算を遠く超えたものである。龍樹は易行品の始めに鋭くこの打算心を指摘している。そろばんをはじいて計算し、易行があれば難行よりもそれをとろうと考える心は、万人の内の大半に巣くう心であろう。しかしこの利己的なずるい心に易行を説くならば、あわれ大乗仏教も人間の本質的革命を成就するものとなり得ず、かえって自我執着の迷いの中に人々を落とし入れる邪教と化すであろう。

真理の道は、たといそれがいかに困難であろうと、またいかに多くの犠牲を払わねばならぬものであろうと、断々乎としてその道に立つべきことを万人に要求する。この道なくしては真に生きることが不可能である限り、それは必然である。そこに道の尊厳がある。それゆえ、一道を目指して出発する者には、まず至純な求道心が必要とされるのである。この純粋な願心が、道の成就のための出発点でなければならない。龍樹の叱責は、その出発点の不純さを厳しく指摘したものということができる。

しかしかく言えばとて、龍樹は、純粋な求道への願いを無理矢理に要求したのではないであろう。そのような純粋な願いは、出発点においては本来期待することのでき難い性質のものである。純粋な願いは、真の仏道にたって後に、初めて生まれるのであり、不退の位に立ち初地の菩薩となるときにおいてのみ、すなわち求道の到達点において初めて成就するものである。したがって龍樹が求めているものは、純粋な願いというよりもむしろ道を求めてやまぬ道心であり、打算を離れた求道の至情であるというべきであろう。「汝、必ず聞かんと欲すれば」という「必ず聞かん」という心こそ、龍樹の叱責の心奥に願われているものと思われる。

人はしかしながら、自己の進むべき道を「必ず聞かんと欲す」という段階にまで容易にいたり得るものではない。おそらく、それはさきに述べたような、悪戦苦闘、失敗の連続、やり直しや繰り返しを重ねることによってのみ、初めていたりつくことのできる段階である。

難行道のはてに、人はようやく賢善精進の座からはるかに遠くはなれた愚かな私、精進の続かぬ私の座を発見することができる。この座が「必ず聞かんと欲す」という座である。易行道のひらかれる座である。この座の発見こそ、そしてその座につくことこそ求道における最も大きな道標であろう。

次に龍樹はいう。

仏法に無量の門あり。世間の道に難あり、易あり、陸道の歩行は則ち苦しく、水道の乗船は則ち楽しきが如し。菩薩の道もまたかくの如し、あるいは勤行精進のものあり、あるいは、信方便の易行をもって、疾く阿惟越致に至るものあり。

ここに説かれるところを表面的にみると、阿惟越致にいたる道に二つあって、一つを難行道、他を易行道という。難行道とは勤行精進の道、易行道とは信方便の道、すなわち本願の名号を聞信する道である。それゆえ、難行道を行じ得ないものは易行道によれというのが本文の趣旨のように見える。しかし、龍樹自身はこの二道のうちどちらの道によったものであろうか。これについては後に、「無量光明慧、身は真金の山の如し、われいま身口意をもって合掌し、稽首し礼したてまつる」といい、「人よく、この仏の無量力功徳を念ずれば、即座に必定（阿惟越致地）に入る。このゆえに、われ常に念ず」と言っているところによると、龍樹自身も、この信方便、易行の道に立った人であることは疑いない。

難行道に対して易行道があって、難行道の実行できない愚者が、代りに易行道を行ずるというのではない。人間われらにおける唯一の道がついに易行道である。したがって、もし難易ということばを用いるのであれば、難に対し易があるのでなく、易にいたるまでの道程を難というのである。易行道にゆきつくまでが、難行道という過程である。人は努力し精進しながら、しかも前進せず、かえって退きすべり落ちてゆく、つまり行きつ戻りつである。その道程が難行であって、この難行道のはてに、ついにいたりつくところが易行の一門である。難行道と易行道とが平行して並んであるのではなく、易行道にいたるまでが難行である。したがって、難行道なくしては易行道は展開され得ない。

このように、難易二道を思うとき、真の仏法の展開は易行道において始まるのであって、難行道は、その入り口をいうものであることがわかる。そのとき、さきの「仏法に無量の門あり」という龍樹のことばは、あらゆる道が易行道に通じていること、すなわち、創価学会も立正佼成会も、はたまた他の宗教も、あらゆる科学までも、それらはすべて真の仏法への入口の役割をするものであると見ることができる。私はこのように受けとめて「仏法に無量の門あり」ということばに、広大な意味を感ずる。

翻って、『十住毘婆沙論』の発端を見ると、生死流転の大海に沈没する無明の人々に向かって、これらを初地の菩薩たらしめようと発願して書かれたものが、この論であった。初地の菩薩となる存在は、みなこれ、生死流転の衆生である。その流転の衆生に可能な入初地の道は、万人に可能な道であり、普遍の道でなければならぬ。龍樹はこの道を易行道という表現で表わした。易行道こそ万人に可能な道である。龍樹自身が、この易行道によって自ら初地に入ることができたればこそ、この『十住毘婆沙論』を著わして、あらゆる人々にこの道を勧めたのである。万人に可能な道、いかなる者もついに真に仏道を成就し得る道、それが現にここに示されていることは、何たる幸せであろうか、われら「本師龍樹菩薩」との讃辞に同感しその恩徳を讃仰せずにはいられない。

龍樹は、信方便の易行道によって、速やかに阿惟越致地にいたり得ることをあげている。この「すみやかに」ということは、のちの文では「菩薩この身において」「即時に必定地に入る」というような表現で繰り返し述べられて、易行道の意味をよく表わしている。すなわち、このわが身が直ちに、阿惟越致地にいたる道が易行道である。その易行を信方便の易行といわれる。その内容は何であるか、順を追うて、たずねることにしよう。

【検討】

1、仲野良俊師は次のように述べている。

一方は勤行精進、努力をしぼって難行を歩む菩薩、片や信を方便として疾く阿惟越致地に至る菩薩であるが、一体この二種の仏道において、龍樹自身はどちらであったのであろうか。私は、どちらかということでなく、龍樹は両方なのでないかと思う。というのは、龍樹はその著書を通してみても解るように、能力のある人である。だからまず難行を通して無分別智を開き、不退に至りついたのではなかろうか（このことは中論などからも想像し得る）。そして眼を開いてみたら名もない民衆が念仏によって無分別智の意義を持つ信心を開いていた、そういう伝統を見出したのではなかろうか。同時に龍樹は、自ら開いた無分別智を押しすすめる菩薩道が、もし自力をもってするならば難行であり、そこに挫折の危険を感じて、易行道である念仏の伝統に帰したのではなかろうか。（『解読易行品』一二二頁）

この説に対して私の考えを述べたい。すでに入初地品で述べたように、龍樹は釈尊の成道に対して、釈尊は初発心で菩提心成就を得ず、長い修行の後、燃灯仏にあって不退転地を得たと述べている。これは仏に遇うことなしには仏道は成就しないことを明らかにしているのではないか。釈尊すらも、自己の力では成道ができなかったとは、つまり易行道以外に、具体的な仏道成就の実践道はないことを表わしている。したがって龍樹自身も易行道によって不退転地にいたったものと、考えるのが妥当であろう。『論註』において曇鸞は、「十地の階次はこれ釈迦如来閻浮提における一の応化道ならくのみ」といっている。これは、『十地経』は『無量寿経』からみると漸教であるということである。

漸教は、仏教を原理的に理解できるように表わしたものであるが、実践的ではない。『十地経』では仏になれない。実践は本願の教えにある。『十地経』では、初地から順次に二地三地と上地に進む段階とその内容を述べているが、これは人間に仏道を理解させるための方便である。本願の教えでは、入初地がそのまま等正覚であり、つまり最上位の菩薩位である。

それゆえ、仲野師のいうように、龍樹は二種の仏道を両方習得したのでなく、勤行精進によって努力を続けて進み、ついに挫折した。そののちに、信方便の易行によって、阿惟越致にいたったと解すべきだと思う。その阿惟越致は、一応、『十地経』では初地として表わされているが実は上地であって、このため本当は二地以上は説く必要はないのだと思う。

信方便の易行とは、信がそのまま方便の易行であるという意である。方便とは梵語でウパーヤ（upāya）であり到達を意味する。如来が私にいたり届いた所に生まれる信を信方便という。そのままが一心称名の行となる。これを易行という。信方便の易行とは、如来きたって私にいたり届き、そこに生まれる信心、念仏をいうのである。易行品の十方十仏章には仏の本願力のゆえにその光明に触れ、仏名を聞いて信受し名号を執持するとき不退転地にいたると説かれている。これが信方便の易行である。

【検討】

1、難易二道とは何か、ということについて考えてみよう。武邑尚邦師は難易二道について次のように述べている。

さて、易行道を説くについて、まず〈中略〉難易を対比して易行の何であるかを示す。

仏法に無量の門あり。〈中略〉**菩薩の道も、またかくの如し。或は勤行精進するあり、或は信方便を以て、易行にして疾く阿惟越致に至る者あり。**と。

ここには仏法について、難易の二道を世間における陸道の歩行と水道の乗船に対比し、両道あることを示すのである。したがって、難行道とは、既に前に述べてきた漸々に精進して阿惟越致地にいたる道をさし、〈中略〉「地相品」には初地不退を得るに菩薩は堪受等の七法を行ずることを説いていたのである。いま、このように説いてきた難行に対して、水道の乗船にたとえられる易行道を示し、それを信方便というのである。(『十住毘婆沙論研究』一一七〜一一八頁)

これに対し山口益師は次のように述べている。

難行易行という場合の、その語の原語から、その語の意味が検討さるべきであるが、十住毘婆沙論に見える「難行」は「duskara：作し難き、困難なこと」であるのに対して、易行は、「sukhā pratipad：安楽なる方便・道」であり、本論には難行「duskara」なる語はあるが、難行道なる語はなく、道という語の付せられているのは唯《ただ》易行道だけであって、不退転地への方便・道とは、第九易行品所説の易行道のみということになる。(『世親の浄土論』三二頁)

この山口師の説によると、本論の「難行」は、文字どおり困難な行という意味で、この難行には、仏道成就の道という意味が具わっていない。それゆえ、仏道成就においては難行道という道は存在せず、ただ易行道一門だけが仏道成就の可能な道ということである。さきの「仏法について難易の二道がある」という武邑師の説明は会通を要するものであろう。

山口師は、龍樹の『大論』七七で「難行・易行」が用いられている箇所に注意し、さきの文章に続いて次のように述べている。

「未だ無生法忍を得ざるときは、力を用いること艱難にして、譬えば陸行の如し、無生法忍を得おわらば力を用いること甚だ易く、譬えば乗船の如し、この故に無生法忍は諸の菩薩の貴ぶ所なり。」

とあって、この一文は、「陸行」「乗船」の譬喩まで、易行品中の語と一致したもので、とにかくここで、難行易行ということの内容が明確に出されているのを見る。そこで難易二行とは、難行道と易行道という二つの道が対蹠的にあるということではなく、菩薩道実修の上の段階で見られるものであることが判る。すなわち、〈中略〉易行道においては、何等の分別、何等の功用を用いることがないから、易〈水道の乗船の如き楽しきもの〉である。〈中略〉易とは任運無功用で、〈中略〉それは無生法忍が得られていることなのであるから、了得心がなく、分別を離れ、戯論寂滅して、〈中略〉凡夫地を越えて不退転地に入るのであるから、易行道は、「疾・速刻に阿惟越致地に至る方便」であるのである。（『世親の浄土論』三三頁）

山口師の無生法忍は如来廻向の信と理解されるから、易行とは信によって開かれる道である。これに対し、難行とは信にいたるまでの努力精進の過程を表わすもので、いわば易行の前段階である。しかも難行の結果、易行にいたるのではない。信が成立しなければ易行にならない。この信の成立を明かすものが易行品である。

さきの発願心品からこのかた、菩提心が根本劣弱であると指摘され、ついに不退転地にいたることのできない菩薩の歩みが述べられてきたが、その歩みはすべて難行であったのである。したがって難行とは、漸々転進の菩薩も、敗壊の菩薩もふくめて、すべての菩薩が悪戦苦闘してきた修行の段階をいう。難行とは聖道門のことである。この聖道門においては、その行は何者にも成就せず、それだけでは皆ついに野垂れ死にするほかなかった。その存在が、とうとう仏道を成就し得る道を与えられた。それが易行道である。したがって、「仏法に無量の門あり」とは、仏法の入り口は無量にあるとの意である。その無量の入り口から入る第一の道程を難行という。難行のはてに易行道がある。難行と易行道とで仏道は成り立っている。難行と易行が併立してあるのではない。

2、それでは序品や地相品さらには阿惟越致相品等に、入初地をとげた菩薩が記されているのはなぜか。それは誰か。

それはかねて言うとおり、法蔵菩薩、従果向因の菩薩の相にほかならない。親鸞は、『入出二門偈』に、五念門の行は、まさしく法蔵因位の行であることを明かしている。親鸞は地上に生きる者は、独力では一人として菩薩として誕生することができず、五念門の行を成就することが不可能な存在であることを明らかにした。五念の行は、はじめ法蔵菩薩によって行ぜられたのである。聖人がこのような論述を展開したのは、その根拠の一つとして、龍樹のこの『十住毘婆沙論』をよりどころとしたからではあるまいか。法蔵によって成就した五念門の行が、南無阿弥陀仏の行に摂められ、この南無阿弥陀仏が衆生に廻向されて、衆生の上に五念門の行が生まれる。こうして五念の行は念仏行者の行となる。地相品や阿惟越致相品の難行は、易行品における聞・信・称の成就によって惟越致の菩薩の上に成立する。それが入初地の成立であり、このことを明かすものが『十住毘婆沙論』

である。

龍樹は易行品のはじめに十方十仏章を説いている。まず偈を説いて十方十仏をあげ、「もし人、疾く不退転地に至らんと欲する者はまさに恭敬の心をもって執持してその名号を称すべし」とすすめ、次いで長行をもってその心を詳説する。

東方善徳仏は本願力をもって光明常に世界を照らし、その仏名を聞いて信受する者は直ちに不退転地に住することができる。他の九仏もすべて同じである。仏はすべて今も説法したもう。人あって一心にその名号を称すれば、即座に無上菩提に不退転になることができる。

そしてさらに偈を説いていう。

もし人あってこの諸仏の名を説くを聞き得れば、
即ち無量の徳を得ること宝月経に説くが如し。
われこの諸仏を礼したてまつる。
(諸仏)今現在十方にましします。その名を称すれば、
即ち不退転を得。

以下十仏についてその徳を述べたのち海徳仏をあげている。

過去無数劫に仏ましまし、海徳と号す。
かの諸の現在の仏は、皆この仏に従って願をおこせり。

海徳仏は寿命無量、光明無量で国土は甚だ清浄であり、名を聞く者は定んで仏となる。
今十方に現在する諸仏はみなこの海徳仏の力によって仏功徳を具足し十力を成就す。この故にこの仏を稽首し礼したてまつる。人天中の最尊にてまします。

龍樹はこのように十方十仏をあげ、その仏名を聞いて一心にその名号を称名することを説いている。これからみて、かの信方便の易行とは、聞名受持、一心称名にほかならないことがわかる。

龍樹はこの十方十仏に続いて百七仏を説き、さらに次々と諸仏、菩薩を説いてこれらの仏・菩薩を憶念、恭敬、礼拝することを勧めている。諸仏・菩薩とは一体何なのか、どうしてそんなに多くの仏・菩薩を憶念することを勧めるのか。なぜそれが不退転を得る道なのか。これらが明らかにならねばならない。

【検討】

まず諸仏とは何か。諸仏とは弥陀であり、弥陀が諸仏である。海徳仏も弥陀であり、弥陀が海徳仏である。

『無量寿経』上巻の終わりに華光出仏が説かれ、次のように述べられている。

（弥陀の浄土の）一一の華の中より三十六百千億の光を出す。一一の光の中より三十六百千億の仏を出す。身色紫金にして相好殊特なり、一一の諸仏、また百千の光明を

放ち、普く十方のために微妙の法を説きたもう。かくの如きの諸仏、各々無量の衆生を仏の正道に安立せしむ。

とある。このように、諸仏は弥陀仏の中から生まれ出たものであり、弥陀は具体的に諸仏の中に生きているはたらきである。

『無量寿経』の異訳の経典の一つに『大阿弥陀経』とよばれるものがあるが、その経題は「諸仏阿弥陀三耶《さんや》三仏薩《さんぶつさ》楼《る》仏壇過《ぶつだんか》度人道経《どにんどうきょう》」といわれる。「諸仏、弥陀」とは諸仏をおいて弥陀はなく、弥陀が諸仏となって展開していることを明かし、「三耶三仏薩楼仏壇」は正覚、「過度人道」とは人生を超えて助ける道をいう。すなわち、「弥陀は諸仏としてはたらいて、その正覚をもって人々を世間道から超えさせて救うはたらきをする」という経題である。

人は人生において、諸仏におあいする。その諸仏の具体相は菩薩である。その菩薩によって仏を教えられ、仏の本願を聞きひらいて恭敬合掌、称名憶念する存在となり、ついに不退転の菩薩となる。その仏の本願、その名号の根源が弥陀の本願であり、弥陀の名号である。したがって諸仏の本願を聞き、諸仏の名号を称するとは、根源からいえば、弥陀の本願を聞き、弥陀の名号を称することにほかならない。

春が訪れると、花は咲き、風はなごみ、鳥は歌い、麦は伸びてゆく。その花を賞して春を知り、風に春の訪れを感じ、鳥の囀《さえず》りに春を聴く。春は万物の上に躍り、万物はことごとく春を謳歌している。一即多、多即一の妙理がそこに躍動している。

龍樹が弥陀一仏のみをあげないのは、仏道は具体的には諸仏菩薩の上に実現されているからである。一仏のみを立てるのは小乗である。大乗は諸仏である。龍樹はここに、諸仏を十方十仏・百余仏などとしてあげ、大乗の世界を示している。しかし、諸仏のみを説かないのは、諸仏の根源は弥陀にあることを明らかにし、諸仏の誕生が弥陀一仏にあることを証したいためであろう。

次に龍樹の易行品は、『無量寿経』を基盤としたもので、その中心は『無量寿経』の本願成就文にある。本願成就文は次のとおりである。

諸有衆生その名号を聞きて信心歓喜せんこと乃至一念せん、至心に廻向せしめたまえり、かの国に生ぜんと願ずれば即ち往生を得、不退転に住せん、ただ五逆と誹謗正法とをば除く。（『親鸞聖人真蹟集成㈠』一六三頁）

易行品の龍樹の叱責は衆生をして「諸有衆生」のめざめに近づけようがためである。「諸有衆生」すなわち、愚かな迷い多い自己ということが自覚されないと本願を聞く身とならない。「その名号を聞く」とは、十方諸仏の説きたもう教えを聞き、その名号を聞きひらくことである。「その名号」とは、まず、諸仏の名号であり、ついにその諸仏の根源にある弥陀の名号をいう。まず諸仏の教えを聞いて、その徳をうけ、その徳をとおして弥陀の徳にふれる。そこに弥陀の至心廻向がある。この至心廻向が、この人の願生心となる。

これが阿耨多羅三藐三菩提心《あのくたらさんみやくさんぼだいしん》である。そこに「即得往生、住不退転」を得る。これが本願成就であり、ここに易行品の基盤がある。この諸仏の「その名号」を聞く内容が十方十仏との出遇いであり、また以下の諸仏、菩薩との出遇いである。「諸有衆生」と頭を下げて、その教えを聞くままが「恭敬の心に執持して」である。そこに「名号を称する」とき、「諸仏の名号」を称するままが「弥陀の名号」を称しているのである。

十方十仏章に続いて龍樹は次の問答を述べている。「ただこの十仏の名号だけを聞いて執持して心におけば、無上菩提において不退転を得るのか、ほかに他仏、他菩薩の名あって、不退転に至ることを得るのかどうか」「阿弥陀などの仏及び諸の大菩薩も、名を称して一心に念ずれば、また不退転を得ることができる」。こういって以下、「さらに阿弥陀仏などの諸仏あり、まさに恭敬し礼拝してその名号を称すべし」といって、はじめに弥陀仏をあげ、次に毘婆尸仏等の八仏をあげ、さらに徳勝仏等の東方の十一仏をあげ、最後に過去、現在、未来の諸仏すべてを憶念、恭敬、礼拝することを明かしている。

そして諸仏が終わった所で「またまさに諸の大菩薩を憶念すべし」と百四十三の大菩薩をあげ、「みな憶念、恭敬、礼拝して阿惟越致地を求むべし」と勧めて、易行品を終わっている。

【検討】

1、さきにあげた弥陀仏の章は、従来百七仏章ともいわれてきた。それは、次のような文章によっている。

更有阿弥陀等諸仏　亦応恭敬礼拝称其名号
今当具説　無量寿仏世自在王仏（以下百余仏）**是諸仏世尊**
現在十方清浄世界　皆称名憶念阿弥陀仏本願如是
若人念我称名自帰　即入必定得阿耨多羅三藐三菩提
是故常応憶念

この経文を「さらに阿弥陀等の諸仏あり、またまさに恭敬礼拝しその名号を称すべし」と読んで、その諸仏を「今まさに具説すべし、無量寿仏以下の百六仏」と続けると、この章には弥陀をふくめて百七仏がある。つまり弥陀以下の諸仏百六仏を具説するのでこの章は百七仏章となる。しかしそうではない。先哲の説のとおり、この章は弥陀仏の章である。具説するのは、弥陀仏である。この「弥陀等諸仏」の「諸仏」は前記のように、次の八仏、十一仏であって、百六仏ではない。百六仏は、世自在王仏以下、弥陀を称名憶念している諸仏を述べられたものである。

2、「弥陀等諸仏」とある諸仏について、恭敬、礼拝、称名を勧めるとき、易行品では、すべてまず偈文をあげてその仏などを称讃し、次に偈文の中で龍樹自ら、あるいは「我今帰命」「我今稽首礼」または「我今頭面礼」等と礼敬している。

これはすでに前の十方十仏章の場合もそうである。また後の八仏、十一仏なども同様である。しかし百七仏に対しては、偈文もなく、龍樹の「我帰命」もない。この章ではただ弥陀一仏についてのみ偈文と「我帰命」が具備している。これらからみて、百七仏章をたてるのは不適当である。この章は弥陀仏の章であり、百余仏は弥陀を讃嘆する背景としての存在である。したがって易行品は、十方十仏章に始まり、人々が因縁に応じて、それぞれの仏に遇うて易行の道が開かれることを明かし、さらに弥陀仏の章をのべて、十方十仏の根源が弥陀にあることを示している。この弥陀仏の章に龍樹自身の甚深なる一心帰命が明らかにされ、信方便の易行が述べられている。

さらにこの弥陀の伝承が、過去から現在を貫き未来に流通することを、八仏・十一仏をもって述べ、特に八仏において東方仏国たるわれらの世界の諸仏の伝承を称讃し、最後に三世十方の諸仏ことごとく弥陀の展開であることを表わしたものが易行品であるといえよう。

終わりには、多くの経典に表われる大菩薩、金剛蔵菩薩、普賢菩薩、常不軽菩薩、文殊師利菩薩、観世音菩薩も皆、われらを弥陀の本願の世界に勧める弥陀世界の存在であることを示し、われらに不退の位に入ることを勧める具体的な存在への敬礼を明かしてこの一章を閉じている。

3、さきの経文は普通は次のように読まれ、「国訳一切経」でもこのように読まれている。

今まさに具《つぶ》さに説くべし。無量寿仏、世自在王仏（以下百余仏）**この諸の仏世尊、現に十方の清浄世界にいます。皆名を称して憶念すべし。**（『国訳一切経　釈経論部七』「十住毘婆沙論」、矢吹慶輝訳、八二頁）

この読み方についてはすでにあげた諸点のほか、「名を称して憶念すべし」と読むときは「応」「当」などの助動詞が必要であるが、それがない。したがって「すべし」と読むことはでき難い。

4、親鸞は『教行信証』行巻で、この文をさきに述べたように読んでいる。

今まさに具さに無量寿仏を説くべし、世自在王仏（乃至その余の仏有す）この諸仏世尊現に十方の清浄世界に在してみな阿弥陀仏の本願を称名憶念することかくの如し。

従来、この親鸞の読み方は、親鸞独特の読み方であるといわれ、さきに述べた百七仏章としての読み方が普通の読み方であるとされているようである。しかし親鸞の読み方が正しい。親鸞の読み方が龍樹の真意を表わしている。

易行品を表面的にみると、易行道とは、十方十仏に続いて、百七仏、さらに八仏、十一仏、過去現在未来のすべての仏及び大菩薩を憶念し称名し恭敬する道のように見える。法然が、龍樹を浄土門正顕の祖とせず、傍明浄土の師としたのは、あるいは龍樹をこのように多仏称念の存在と見たためではなかったろうか。しかし龍樹の真意はそうではない。弥陀が中心である。諸仏は弥陀から現われた仏であることを、百余仏の称讃をもって表わしている。

5、『十住毘婆沙論』は龍樹が『仏説無量寿経』をもって『十地経』を毘婆沙したもので、易行品がその中心になっている。入初地品や地相品の菩薩、また釈願品の浄土の相はまさしく弥陀因位の法蔵菩薩の願を示すものである。

龍樹は、第五釈願品で浄土を表わす中に「是の浄国土は当に知るべし、諸の菩薩の本願因縁に随う。諸の菩薩、よく種々の大精進を行ずるが故に所願無量にして説き尽くすこと能わず」といい、さらに次のように述べている。

略して浄土の相を説かん。いわゆる菩薩、よく無上菩提を得て、仏功徳力、法具足し、声聞具足し、菩提樹具足し、世界荘厳衆生善利し、可度の者多く、大衆集会し、仏力具足す。

この菩薩こそ弥陀因位の法蔵菩薩である。この菩薩の浄土の中心は仏功徳力である。

仏功徳力とは〈中略〉あるいは寿命無量あり、あるいは見る者即ち必定を得、名を聞く者も亦必定を得、〈中略〉あるいは無量光明あり、衆生遇う者は諸障の障蓋を離れ、あるいは光明をもって即ち必定に入る。

寿命無量、光明無量は一切諸仏のもつ徳であるが、これを本願とするものが弥陀仏である。衆生を寿命無量、光明無量たらしめようとするところに弥陀の本願がある。したがってこの仏功徳は弥陀の功徳であり、その浄土は弥陀の浄土にほかならない。すなわち龍樹は『無量寿経』に基づき、釈願品において弥陀の本願とその浄土を説いたのである。
6、また、さきの釈願品の文の続きをみると、龍樹は次のように述べている。

見時得入必定とは、衆生ありて仏を見たてまつれば即ち無上菩提の阿惟越致地に住す。何を以ての故に、この諸の衆生、仏身をみたてまつれば心大いに歓喜し、清浄悦楽しその心即ち如是の菩薩三昧を摂得す。この三昧力をもって諸法実相に通達しよく直ちに無上菩提必定地に入る。

仏を見るとは、後の文に「仏名を聞くことができる者は、同じく必定を得る」とある。これによって「仏を見る」を「仏名を聞く」に置きかえると、この文は『無量寿経』の本願成就文に相当するものとなる。「聞其名号、信心歓喜」、「即得往生、住不退転」である。ここに入必定の道が具体的に示されている。それが「仏名を聞く」一道である。
7、僧鎔師の『本典一渧録』には弥陀章について次のように述べられている。

「今当具説」の四字を阿弥陀仏ばかりへかけて無量寿仏を所讃となし、世自在王仏已下百六仏を能讃とみたもうこころなり、〈中略〉これ論主の正意を得て深意を開顕したもう御文点なり〈中略〉第十七の諸仏咨嗟の願に答えて、現在十方世界にして、一々諸仏みなことごとく弥陀の名を称揚し、〈中略〉弥陀の本願を証誠護念したもうを憶念という。(『真宗叢書第八巻』六五頁)

弥陀章の文は次のように続いている。

この諸仏世尊、現に十方清浄世界にましまし、皆称名は、阿弥陀仏の本願を憶念することかくの如し、もし人われを念じ、名を称して自ら帰せば、即ち必定に入りて無上菩提を得ん、この故にまさに憶念すべし、偈を以て称讃したてまつらん。

弥陀の本願の内容を念我、称名、自帰といっている。「念我」は、われを憶念せよであり、「称名」は、わが名をよべであり、「自帰」は自ら帰命せよである。魏訳の『無量寿経』では「念我」「自帰」は至心信楽、欲生であり、「称名」は乃至十念に相当する。これを一心帰命、称名念仏（信心決定して念仏申せ）の本願という。

「即入必定、得無上菩提」は「必得往生、住不退転」である。龍樹はここで『無量寿経』によって弥陀の本願と本願成就の相を述べていることがわかる。この弥陀の本願を、十方諸仏ことごとく称名讃嘆、護念証誠して、十方衆生に勧めたもう。それを百六仏の称名讃嘆で表わしている。諸仏の称名憶念は、弥陀の本願から生まれたものであって、本願成就を表わしている。つまり諸仏ははじめ十方衆生であったが、弥陀の本願に遇うて、十方諸仏となり弥陀を称名憶念する。本願を憶念する仏は本願に遇うて生まれた仏であり、本願を称讃する人は、本願から誕生した存在である。さきにいう十方十仏の仏も、もとは十方諸有の衆生にほかならない。これらの仏が百六仏であり、さらに次の十一仏、八仏、無量の仏である。諸仏はすべて弥陀の本願から生まれる。

龍樹も次に「偈を以て称讃したてまつらん」といっている。龍樹もまた、弥陀の本願から誕生すればこそ、弥陀を称讃する。龍樹は信方便の易行により入初地したのである。

仏教は、釈迦がつくったものではない。釈迦は、釈迦を超えた大きなものに触れて、仏となることができた。その喜びと感謝をもって感銘を述べ、万人に仏となる道を教えたものが仏教である。釈迦を超えた大いなる世界は、単に釈迦を生んだだけでなく、十方無量の諸仏を生み出し、十方無量の諸菩薩を誕生させているものである。仏教は釈迦一仏、釈迦個人の教えではない。仏教はいわば諸仏の教えであり、普遍的な教えである。それを強調するところに龍樹の立場がある。

龍樹の生まれた環境は、いわゆる小乗仏教の時代であって、釈迦個人を修行の対象とし、釈迦の言葉を墨守して、それをその言葉のとおりに実行することが仏教であると考えられていた時代であった。龍樹は、仏教は釈迦教でなく諸仏の教えであり、普遍の真理を表わすものであるということを明らかにしたのである。ここに大乗仏教の立場があり、彼の使命があったといえる。

このような立場と使命が龍樹の立つ基盤であるために、彼の述べる仏は、十方諸仏というような一般的な表現で表わされている。これが龍樹の特徴である。しかしこのため、彼の述べる仏は羅列的、並列的となって、どこにその中心があるのか、必ずしもはっきりしない面がでてくる。この『十住毘婆沙論』の易行品もそのような憾みがあり、表面的に見ると、さきの十方諸仏をはじめとし、多くの仏、菩薩を、並べ立てた感じがする。しかし、この『十住毘婆沙論』は、何度もいうように龍樹が、生死迷妄の淵にある衆生に呼びかけて、これを不退の菩薩たらしめようとするためのものである。したがって、もちろんそのような多くの仏名の羅列をもって本旨とするものではない。彼はまず、十方諸仏をあげ、次にその諸仏の生まれ出る根源を海徳仏とし弥陀仏を示唆した。そして百六仏の称讃をもって弥陀の本願を具体的に表わし、次に自らもまた、弥陀仏の本願を憶念し聞名信受、称名念仏によって不退の道に立つことができたことを明かしている。

われらは、まず十方の諸仏（因位においていえば十方の菩薩）に遇うのである。すなわち、その時代、その環境における有縁の善知識に出遇う。その諸仏、菩薩、善知識をとおして、初めて根源に出遇う、この根源を弥陀の本願という。そこに具体的な道の成就がある。この趣を表わしたものが、易行品にほかならないであろう。

生死迷妄の淵にあるものを、諸有衆生という。諸有とは一切という意味と共に、迷いに満ちた存在を表わしている。この諸有衆生が、不退転に到達する道を明らかに示すものは、ただ一つ『無量寿経』における「諸有衆生、聞其名号、信心歓喜、乃至一念、至心廻向、願生彼国、即得往生、住不退転」の金文字である。その他の諸経においては、諸有衆生のための仏道は必ずしも直截に表わされてはいない。この『大経』にのみ諸有衆生のための道が示されている。

龍樹の『十住毘婆沙論』は、『十地経』の心を『無量寿経』をもって、顕らかにするものである。迷い深いわれら諸有衆生が不退転の位にたって菩薩となる道は「聞其名号」である。これが「十方無量の仏の説法をとおし、諸仏、菩薩の教えを聞きぬいて本願を念ずる身となる」ことである。

龍樹は、これらの諸仏諸菩薩が、海徳初最如来から生まれ出たものであることを述べた。これは諸仏が一仏から生まれることを示したもので、海徳仏は弥陀仏を意味している。龍樹はさらに諸仏の教えの内容が「弥陀の本願を念じ、弥陀の名号を称えて帰命する」ことであることを示している。これを「聞其名号」することによって「信心歓喜、乃至一念」が生まれる。それを自らの上の事実として「無量光明慧、身は真金の山の如し、われいま身口意をもって合掌し稽首し礼したてまつる」と讃嘆するのである。このように龍樹が自ら易行道に立つことを喜んでいることは、彼が「諸有衆生」の場にあるということにほかならない。

まことに大聖龍樹、第二の釈迦と仰がれた龍樹菩薩もなお「諸有衆生」と名告って凡愚の座につきたもうたのである。

われらの道の第一歩は、さきに発菩提心品で明かされたように、種々の因縁をとおして心を仏道に向けさせられることに始まる。それは、ほとんどすべて菩薩による因縁である。この因縁によって、われらは道に進み、菩提心法を修めて向上の一途を目指すのである。

しかし発心の根本が微弱であるため中途で挫折するほかはない。その挫折を繰り返しながら、なおかつ、懸命に前進のために努力しようとする。これがわれらの実際である。この努力は一種のあがきであるかもしれない。しかしそのあがきを経て、われらは自己の限界を知る。限界を知るとき、われらは自己の憍慢な態度にめざめ、ついに仏、菩薩、善知識の前に「恭敬の心をもって」教えを聞く座につくのである。これを、「恭敬の心に執持して」弥陀の名号を聞其名号するといわれる。このとき発心の因縁は、はじめは菩薩を縁とするものであっても、それは「仏の教えによる発心」の因縁を与えられることになるのではなかろうか。このあがきもがき努力精進は、この座にいたるために欠くことのできない過程である。それが「仏法の門」であり、「難行道」である。それなくして必定の菩薩への道は開かれない。しかしながら「門」や「難行道」だけでは不退転、必定の菩薩への転回はあり得ない。難行道のはてに開けるものが易行道であるが、その進展は不連続である。一階から二階へ、二階から三階へというように難行道をのぼりつめてゆけば、最後は易行道に達するというものではない。難行道と易行道とは断絶している。大落差をもっている。したがって実際にはわれらは難行道のはてに、この断絶の壁の下で泣くほかないのである。

龍樹の易行品は、この断絶の絶壁の下で泣く者のために開かれている。それが十方諸仏の発見ということである。「十方の諸仏を念じてその名号を称えよ」という教えである。われらは甚だ憍慢な立場に立っていて、諸仏を諸仏として尊ばず、菩薩を菩薩としてあがないめず、善知識を善知識として拝まない。むしろ無視したり、忘れたり、問題にしていないというのが現実である。この憍慢の態度を捨てて「頭を下げて教えを聞く」という姿勢への転回こそ、易行品の中心であろう。それを「諸有衆生、聞其名号」というのである。そこに十方十仏章がある。

さきに「諸有衆生」を対象として、この迷い深い衆生を必定の菩薩とし、やがて覚者とする道を説くものは、『無量寿経』のみであると述べた。その中心は「諸有衆生、聞其名号、信心歓喜、乃至一念」にある。龍樹は易行品においてまず「諸有衆生、聞其名号」という意味を明らかにした。それが「恭敬の心に執持して」「十方諸仏を念ぜよ」である。

諸有衆生と文字に書けば、文字としては理解できる。迷い深い衆生と聞けばその意味もわかるけれども、それが私そのものであるとは中々にわからない。それは、さきに述べたような求道の過程を経て絶壁の下までたどりつかねばわからない。いやこの絶壁の下まできても、人は自らを「諸有衆生」とは思えないであろう。もう少し頑張れば絶壁の突破が成就できるのではないかと思い、今日は駄目でも明日はできようと思う。これが憍慢の姿である。その限り「諸有衆生」ではない。したがって諸仏、菩薩、善知識に対し、憶念とか称名ということはできがたい。難行道と易行道との間の大絶壁、この大断絶の突破はただ一つ「諸有衆生」と「頭を下げて御法を聞け」ということである。これが龍樹の教えであり、龍樹自身の体解である。「恭敬の心に執持」するとは、とりもなおさず「諸有衆生」

とめざめたものの姿であり、「聞其名号」は「十方の諸仏を念ずる」姿勢の上に初めて成り立つものである。

繰り返し言うように、龍樹の易行品は、諸有衆生のための道を明らかにしたものにほかならない。この道は単なる解釈ではなく、龍樹自身の体験をとおしたものである。諸有衆生のための道といえば、諸有衆生でない人のための道がほかにあるようにも考えられるが、そうではない。いかなる人も、ついに諸有衆生とめざめて頭を下げて、十方諸仏の教えを聞く以外に道はないのである。これが龍樹の体解であった。諸有衆生にめざめる道が、ただ一つ断絶を超える道である。

このことが龍樹をして『十住毘婆沙論』を書かせた理由であろう。龍樹は、すでに『中論』や『大智度論』をあらわして仏教の心について闡明したが、それだけでは自分でも充分満足がいかなかったに違いない。なぜかというとそれは、外に向かって仏教を説き明かすことを中心とした立場のものであるからである。彼はおそらくこの『十住毘婆沙論』、とくに易行品を著わして、内に自己自身を語り、仏教方法論を明らかにすることができ、本当に満足したことであろう。

龍樹の序品の終わりの次の偈にその心が述べられている。

私は十地の論を説いて心が清浄になることができた。深くこの心を貪るゆえに精勤して倦まない。もし人がこれを聞いて受持し心がまた清浄である者が出るように、私は

深くこれを楽《ねが》い、一心にこの論を造る。

龍樹が、『十住毘婆沙論』をつくった願いはここにあった。

次に龍樹の偈について述べる。

無量光明慧、身は真金の山のようである。

私はいま身口意をもって、合掌し稽首したてまつる。

ここに龍樹の弥陀に対する帰敬がある。弥陀の光明無量、智慧無量、真金のごとく、すぐれた相を仰いで、今、この身の全体を投げ出して合掌し、頭に仏足をいただいて、身業、口業、意業に称名、憶念している龍樹の姿が拝まれる。「恭敬の心に執持して弥陀の名号を称す」とはまさにこのことである。ここに龍樹の帰敬の中心対象がある。龍樹の帰依敬礼は十方十仏でもなく百六仏でもない。弥陀仏に全我をあげて一心帰命している姿がここに見られる。

龍樹は、以下三十二偈をもって弥陀の徳を称讃する。これこそ憶念、称名（讃嘆）、自帰（帰命）であって、弥陀の本願の届いた姿にほかならない。弥陀を称讃する者は、弥陀の本願に生きる者である。春を讃えるものは、春に遇うた者である。春は春の外からこれを対象化して讃えることはできない。春の中にあればこそ春を讃嘆するのである。諸仏称揚というも、菩薩称讃というもみな弥陀の本願に遇えばこそ、称揚讃嘆するのである。

人よくこの仏の無量力功徳を念ずれば、

即時に必定に入る、この故にわれ常に念ず。

仏、菩薩のはたらきによって弥陀の本願に遇い、「念我」「称名」「自帰」の本願がわが身に届くとき、弥陀の仏力功徳、すなわち南無阿弥陀仏を憶念称名する身となる。そのとき直ちに敗壊の存在が必定の菩薩となる。この「即時入必定」こそ仏智不思議のはたらきである。『十地経』には「菩薩かくの如きの心を生じ、即時に凡夫地を過ぎて菩薩位に入り、生じて仏家にあり、〈中略〉一切世間道を過ぎて出世間道に入る」とある。金剛蔵菩薩が繰り返し述べた仏智不可思議の世界がここにある。

龍樹は、釈願品において「仏功徳力」を説くなかで、繰り返し「即」を述べ、あるいは「見者即得必定」、「光明をもって即入必定」といい、さらには「聞我名者即入必定」といっている。つまり『十地経』の「即時」は、本願力の故に「即」であることを明かすのが龍樹である。仏力とは、仏の本願力であり、『無量寿経』の「即得往生、住不退転」させる弥陀の本願力である。龍樹は『十地経』の「即時」を、『無量寿経』の「即得」をもって読んだ。龍樹によって「即時入必定」の由縁が明らかになったのである。

もし人善根を種えて疑えば即ち華開かず、
信心清浄なる者は華開いて、則ち仏を見たてまつる。

「善根を種える」とは、さきの釈願品の「見仏入必定の善根を種える」と同じであろう。見仏は聞仏名と同じであるから、仏名を聞いて必定に入るための善根を種えること、つまり、難行を行ずることである。

易行品の十方十仏章の偈に続く文に、『宝月童子所聞経』を引いて「宝月、その仏の本願力の故に、もし他方の衆生ありて、先の仏のところに於いて諸の善根を種え（たる者に対しては）、この仏、ただ光明身に触るるを以て、即ち無生法忍を得しむ。宝月、もし善男子善女人、この仏の名を聞き、よく信受する者は、即ち無上菩提を退せざるなり」とある。

さきの仏所において諸の行を行じた者は、それが善根となって、弥陀仏の光明に触れて即座に信を得ると述べられている。仏の光明は智慧である。仏智に照らされて、自己の無智悪業を信知するところに信清浄が生まれる。しかし、光明に照らされれば誰でもそうなるのではない。さきの仏所において諸の行を行じた者は、それが善根となり仏智を受ける受け皿として役立って、信を得るのである。「疑う」とは仏智疑惑、仏を憶わず、仏を仏と知らず、如来を無視した自己肯定の相をいう。そのときは華開けず、すなわち善根が成就せず、善根が華ひらかない。また、仏の名を聞いて、それを恭敬して受持することができない。

仏名は南無阿弥陀仏、「念我、称名、自帰」と呼びかける本願の名号である。これを、私のための呼びかけと信知できないところに、憍慢・懈怠・自己中心がある。これを、疑いという。「疑い」とは本当かどうか信じられないで、疑い惑っているというのでなく、自己中心の殻に閉じこもって如来の光に照らされず、仏の名を聞かず、如来を無視した状態で生きていることをいう。「信心清浄」とは清浄真実、自己中心を離れた心をいう。これは仏心にほかならない。仏光に触れ、仏名を聞きひらくとき、衆生われらにいたり届く大悲の心を信心清浄という。本願の至心、信楽、欲生の三心が信心清浄の内容である。ここに善根の華ひらいて仏前に生まれるのである。

【検討】

1、「善根を種える」について、星野元豊、仲野良俊両師の解釈は次のとおりである。

○星野元豊師

「もし人善根を種えて」とは、もし人が善本徳本の名号を称えてもの意、本願力を疑えばすなわち疑う罪のゆえに浄土に往生しても蓮華に包まれて華開かず、それに対して、疑いのない純粋な信心の者は往生したところで、すなわち華開いて直ちに仏を見たてまつることができるのである。この句を読めば誰しも『大経』の疑城胎宮の話を想うであろう。従って「種善根」というのは『大経』で「修習善本」と説く、善本徳本の称名のことであり、第二十願の植諸徳本がそれにあたることを理解するであろう。

（『講解教行信証』一六五～一六六頁）

○仲野良俊師

「もし人、善根を種えて、疑えば則ち華開けず」経文では（引用者註・『大経』）では

〈中略〉胎宮といってあったのを、開かぬ華の中、つまり蕾であらわしている。これは無量寿経の異訳、『無量寿如来会』下巻の経文によってある。「自の善根に於て信を生ずること能わず、仏の名を聞くに由って信を生ずるが故に、彼の国に生ずと雖も蓮華の中に於て出現することを得ず」、開かぬ花の蕾の中に閉じこもっている、これによったのである。(『解読易行品』二二二頁)

ここで善根といってあるのは、善の本《もと》という意味で、無量寿経では「修習善本」(善本を修習)とあらわしているが、如来会では「積集善根」(善根を積集し)とあって、龍樹はこれを用いたのであろうが、善根も善本も結局〈中略〉名号のこととして受け取っているから、ここで善根とあらわしているのも、名号として受け取ってよかろう。(同書、二一四頁)

このように両師ともに「善根」は『無量寿経』の「名号」といわれている。しかしこの解釈は早計の譏《そし》りを免れないものではなかろうか。

まずは、龍樹の『十住毘婆沙論』の中で「善根」がどのように用いられ、どのように解釈されているかを明らかにし、さらにこの論の原典である『十地経』において「善根」とは何であるかを検討することが第一である。ここで早々と『無量寿経』をもち出すことはいかがなものであろうか。

私は浄土真宗、親鸞聖人の教化を蒙っている一人として、自らの陥りやすい欠点の一つに、いろいろの書を読むとき、浄土真宗的な解釈をすぐもち出す失をもっている。これが自己自身の反省である。しかし、書を読む者は、まず第一に、その著者自身の考えを忠実に理解するようにつとむべきことはもとより論をまたない。あたかも真の科学者は、事実そのものを、すべての先入観を排除して観察し、虚心坦懐にその事実を受け入れるように、親鸞によって育てられた者も、一応、一切の親鸞教学的なものを払拭して、虚心に仏書に向かわねばならないと銘肝している。

さて、この論において、龍樹が「善根」といっているところは非常に多いが、まず入初地品の始めの偈に「厚種善根」とある。これについては「如法に諸の功徳を修集するを名づけて厚く善根を種えるという」と自らいっている。続いて「阿毘曇中には衆生のために無上道を求むるが故に行ずる所の諸の善法を皆善根と名づく、よく薩婆若智を生ずるが故に名づけて善根となす」といって「諸の功徳」を修する姿勢や内容を述べている。

龍樹のこの「厚種善根」の源は、『十地経』にある。『十地経』では、金剛蔵菩薩の説法のはじめに「もし衆生ありて厚く善根を集め」とあり、以下九法を述べ、「かくの如きの衆生乃ちよく無上菩提心を発す」とある。

安田理深師はこれについて『十地経論』の講義中に次のように述べている。

九つあるが、厚集善根に尽くされる。(『安田理深選集第七巻』三〇五頁)

したがってこの説によると、厚集善根とは、『十地経』の次の九法、すなわち、「諸の善行を修し」、「善く助道の法を集め」、「諸仏を供養し」、「諸の清白の法を集め」、「善知識に護られ」、「深広の心に入り」、「大法を信楽し」、「多く慈悲に向かい」、「好んで仏智を求める」、このような内容をもつものをいうことになる。

龍樹のいう「善根を種える」とはまず、このようなものである。

2、次に「厚種善根」について龍樹がいっている大切なことは、これが「資用」であるということである。すなわち入初地品に「善集資用」とは「上の偈の中に説くところの厚種善根、善行諸行、多供養仏、善知識所護、具足深心、悲念衆生、信解無上法はこれを資用と名づく」とある。

「資用」とはすでに述べたように資糧のはたらきをするもので、もとで（資本）、食糧のように、将来役立つ素材となるものをいう。

他力とか本願とかいっても、如来から直ちにすべての人にこれらが与えられるものではなくて、人があってまず善根を積んで資糧を集め、努力精進を尽して後に、その善根が資用となり、役立つのであって、この時機純熟するところを善根の華開くというのである。換言すれば、自力難行のはてに、他力易行の大道が開かれる。その自力難行の段階を資用という。したがって「厚種善根」とは「諸の功徳を修集する」ことであり、上記の「善く諸行を行ずる」以下の五法もこの「厚種善根」の中に摂まるとともに、それが「資用を集める」ことになる。こうして「厚種善根」が仏道の出発点として重要な第一歩ということになる。「厚種善根」自体が直ちに仏道成就ではない。仏道成就は如来本願による。しかし「厚種善根」がなければ、本願成就はない。厚種善根が本願成就の資用である。厚種善根はそれ自体としては仏道を成就しない。すなわち難行であって、われらにおいては、なし遂げられないものである。しかしそれが資用としての意義を発揮してその人に本願が届くところを善根の華開くというのではなかろうか。

3、善根成就について、龍樹は釈願品に次のように述べている。

この諸の衆生（見仏によって不退転地に住する人々）長夜深心に見仏入必定の善根を種え、大悲心を以て首となし善妙清浄なり、一切仏法に通達するがための故に、一切衆生を度せんがための故にこの善根成就の時きたる。この教えによりこの仏に値うことを得たり。また、諸仏の本願因縁と二事和合するをもっての故にこのこと成ずるを得。

これによると善根の成就には二つある。一つは、長いあいだこころをこめて善根を集め行じ、ついに大悲心が主体となり、煩悩を脱したすぐれた境地に進んで、一切仏法に通じ、一切衆生を助けたいという自利利他の心が成立して、善根成就のときがきた。その善根成就によって仏に遇い得るという場合である。もう一つは、善根に弥陀の本願因縁が和合して善根成就する場合である。

前者を法蔵菩薩といい、後者を惟越致の菩薩という。後者が易行品の対象であり、いま龍樹が偈をもって讃じている「もし人善根を種えて疑えば即ち華開かず、信心清浄なる者は華開いて、即ち仏を見たてまつる」である。惟越致であるから、善根は修集したけれど成就しなかった。しかし仏の本願が和合し、善根成就した。これを信清浄の成立といい、華開くといわれている。華とは善根が開くこととさきにいったが、信心の華ととっても同じである。信は本願の華であり、本願が善根に届いてその上に咲いた華である。本願と善根のどちらが欠けても華は開かない。

4、「疑」はこの論及び『十地経』初地品にはあまり見当らない文字である。しかし阿惟越致相品には「この菩薩かくの如く無相慧に通達するが故に疑悔あることなし」とある。もし人が善根を種えてきても、智慧通達せず疑悔に覆われていたら本願が届くことができず、華は開かない。

「信心清浄」については本論に何箇所かでている。地相品には「清浄とは諸の煩悩の垢濁を離る」といい「信解を清浄となす」、「堅固の信を名づけて清浄となす」といっている。入初地品には「清浄とは六波羅蜜、四功徳処、方便般若波羅蜜、善慧、般舟三昧、大悲諸仏を清浄」という。清浄とは清浄真実であって、人間の煩悩をまじえない仏心及び、仏法をいうのである。信は仏法によって人間の上に生まれる清浄心であり智慧であって、浄地品には「信とは聞見する処ありて必受して疑いなし」とある。

信心清浄とは、仏の清浄真実心が衆生にいたり届いて生まれる信知、信受の心をいう。入初地品に「仏の十力如実智慧力」を得るがためのゆえに大心発願して必定地に入るという。この大心が無上菩提心であり、信心である。「この心一切煩悩をまじえず。この心常によく善根を集め、この心不動にしてよく仏法を摂す。この心清浄にして性無垢の故に」(以上抄録)といっている。これを信心清浄というのである。この信は、すでにさきに述べたように、久しく種えた善根に、仏の本願が届いて和合するとき成立する。これを華開くという。

かの八道の船に乗じて、よく難度の海を度す、自ら度しまた彼を度す、われ自在人を礼したてまつる。

八道の船とは八正道の船である。この易行品のはじめに「水道の乗船は則ち楽しきが如し」といって船と出されたのであり、序品のはじめに生死大海といったのをうけて難度海とあるのであろう。

【検討】

1、八正道について仲野良俊師は次のように述べている。

法蔵菩薩の因位の行は、前にも言ったように無量寿経の勝行段に説かれている。そこで龍樹のいう八正道を先達の指示に従って勝行段の経文に求めてみると、順序は多少前後するけれども、「世間に超出して深く寂滅を楽《ねが》う」は正見、「欲覚、瞋覚、害覚を生ぜず。欲想、瞋想、害想を起こさず、色・声・香・味・触・法に著せず」は正思惟に当り、「麁言の自害と害彼と彼此倶に害するを遠離して、善語の自利、利人と人我兼利するを修習し」は正語に、「自ら六波羅蜜を行じ、人を教えて行ぜしむ」は正業に当る。さらに「国を棄て王を捐《す》てて、財色を絶ち去り」は正命、「勇猛精進にして、志願倦むことなし」は正精進に、「空・無相・無願の法に住して、作なく起なし。法は化のごとしと観ず」は正念に、「三昧常寂にして、智慧無碍なり」は正定に当る。(『解読易行品』二二九頁)

大乗義章には涅槃経を引いて、「道は無量なりと雖も、要は唯八正なり。故に知る、八正は通じて諸行を摂す」とあるが、因の行は無量であるけれども、要をおさえれば八正道である。だからもろもろの行は皆この中に収まるということであろう。阿弥陀仏の本願の行は具体的には八正道であり、それによって成就された念仏には、自ずからその内容として八正道が成就しているから、それにもとづくことによって菩薩は「自らも度し彼をも度す」自利利他の行を満足するということであるが、こういう菩薩達を国中にも他方にも無量に持っている仏(自在人)に自分(龍樹)も礼拝するというのであろう。(同書、二三〇頁)

2、序品のはじめにあるように、龍樹がこの『十住毘婆沙論』を造った由縁は、ひとえに生死大海に流転する衆生われらを彼岸に至らしめんがためのゆえであった。龍樹はここに難度海を渡しきるのは弥陀の八道の船であることを明らかにして、造論の目的を達成することができた。

親鸞はこれを次のように表わしている。

龍樹大士世にいでて　難行易行のみちおしえ
流転輪廻のわれらをば　弘誓のふねにのせたもう

八道の船とは南無阿弥陀仏の船であり、弘誓の船である。この船によってのみ生死の苦海を度することができる。入初地とはこの船に乗托することであり、不退転に住すとは弘誓を信受して大船上の一員となることにほかならない。信方便の易行道とは、この大船に乗ずることをいうのである。如来の光明無量によって自己を照らされ「生死大海の底に久しく沈める」自らにめざめ、「他力の悲願はかくの如きのわれらがためなりけり」と念仏するままに寿命無量のはたらきに摂めとられて大悲船上の人となる。ここに南無阿弥陀仏への帰入があり、無上菩提にいたる不退転地への転入がある。

さて、龍樹は最後に三つの偈をつらねて、弥陀を憶念称讃する三十二偈を了わっている。その第一は、「願わくば仏常にわれを念じたまえ」であり、第二は「願わくばわれ仏処に於いて心常に清浄を得ん」である。第三は「この福因縁を以て獲る所の上妙の徳、願わくば諸の衆生類皆また悉くまさに得べきことを」である。

第一は仏の憶念を念じ、第二は仏処に心清浄を念じ、第三は衆生の得益を念じている。

第一の偈には次のようにいう。

われ今またかくの如く無量の徳を称讃したてまつる、
この福因縁をもって願わくば仏常にわれを念じたまえ。

憶念の中心は憶念弥陀仏本願である。仏の本願を憶念し仏の功徳を称讃するこの因縁を福因縁という。それはすべて如来に由来する。われ念ずる、その念は仏念から生まれたものである。仏の念がなければ私の念はない。仏のわれを憶う念によって私が仏を念ずる念が生まれる。その因縁は本来仏にある。願わくば、さらに福の因縁を賜わって常に念じたまえと念ずるところに、子の親を憶う心が溢れている。

念は子心の誕生である。この子心が信心である。子心は親心から生まれたものであって、親心以外に子心の生まれる因も縁もない。ここに弥陀一仏に帰する龍樹の心根が述べられている。すべては如来にあるとの思いが満ちている。

第二の偈は次のとおりである。

われ今世先世における福徳もしは大小なり、
願わくばわれ仏処に於いて心常に清浄を得ん。

今世、先世の善行徳行といえるものは、あるいは大・小あるかも知れないが、ほとんど無価値なものである。これに対して悪行非行は数知れない。私はただ仏によって心清浄を賜わった。願わくば常にこの清浄の世界にあらしめたまえと願っている。いま信清浄を得た次第を考え、ああも努力した、こうも頑張った、精進したと、自己の今世の善を考え、また親の精進、先祖の遺徳など前世の徳を思ってみても、それらは仏のはたらきに比べると、まことにわずかな価値しかない。それどころか、私の懈怠鈍根、悪行はまことに深く、どうすることもできない罪業を抱えている。

願わくば仏、常にわれを仏処にあらしめたまえ、清浄の世界におかしめたまえ。

と念じている。ここに龍樹の謙虚な告白がある。まことに恭敬の心である。「恭敬の心に執持して弥陀の名号を称する」信の告白である。

第三の偈は次のとおりである。

この福因縁をもって獲る所の上妙の徳、

願わくば諸の衆生の類皆また悉くまさに得べきことを。

「この福因縁をもって」仏より賜わった因縁、それはよき師、よき友、よき教えに遇うて、ついに南無阿弥陀仏を聞きひらくことができた。その因も縁も、すべて仏の因縁であった。「獲る所の上妙徳」その因縁によって与えられたすぐれた徳とは、「即時入必定」であり、「八道の船に乗じて彼岸にわたり、無上菩提を得るに定まる」身となったことであろう。しかしそれでよかった、これで大満足、これで終わりというのではない。

願わくば諸の衆生みな悉く（この徳）を得べきことを。

どうか皆々が私と同じくこの功徳を身に得られるよう、願ってやまないとの思いが結びになっている。この龍樹の願が『十住毘婆沙論』の製作の原点であり、仏教宣布のための八面六臂の大活躍の源となるものである。

龍樹は弥陀章に続いてさらに毘婆尸仏以下八仏の名をあげ、「皆まさに憶念礼拝すべし」と述べ、偈をもって称讃し、自らも帰依礼拝している。この八仏の第七に釈迦牟尼仏の名があげられ、第八には未来世の仏として弥勒仏があげられる。次にはさらに徳勝仏ら十一仏があげられ、また「まさに憶念、恭敬、礼拝すべし」といい、偈をもって称讃されている。

龍樹はこれらの諸仏に帰命して「われ今恭敬心をもって称揚し帰命し礼したてまつる」と述べている。さらに過去、未来、現在のすべての仏に対し「まさにすべて念じ恭敬して礼したてまつるべし」といい、偈をもって称讃し「我今頭面礼」と帰命の誠心を表わしている。

次に「まさに諸の大菩薩を憶念すべし」とて一四三の菩薩をあげ、皆憶念、恭敬、礼拝する。この菩薩の中には、金剛蔵菩薩、常不軽菩薩、文殊菩薩、観世音菩薩、大勢至菩薩等の名もあげられている。

生死の大海に沈没する凡夫が、必定の菩薩となる道に立つことができるのは仏力によるのである。その仏力を凡夫の上に届けるために、三千大千世界の仏菩薩が総立ちとなってはたらきたもうのである。自らにこの道が成就して不退の存在となることができたら、これらの三千大千世界一切の仏菩薩に帰命礼敬せざるを得ないことを、龍樹はわが身をもって教えている。

このようにして、不退の菩薩となる力をまったく持たない退転の存在、敗壊の人となるほかない凡愚が、必定の菩薩となる道が明らかにされた。これが易行品である。ここに『十住毘婆沙論』の中心がある。

【検討】

1、仲野良俊師は『解読易行品』の終わりに、次のように述べている。

まず易行品の文章的構造から考えを進めると、始めに問題は不退であることを明らかにして、そこに易行道を開く、そして易行道の内容として憶念称名が示されているのである。そこでまず十方十仏章、ついで十方百七仏章、その帰結という形で弥陀章が出ている。〈中略〉そこからさらに東方八仏章、諸仏を結んで総三世仏章でまとめている。この形から感じられることは、諸仏は阿弥陀仏に流れ入り、阿弥陀仏から諸仏は流れ出るという関係である。こういう関係が成り立つもとは阿弥陀仏の本願である。それは〈中略〉十方諸仏は弥陀の本願に帰し、称讃するという形で諸仏を通して弥陀の易行を明らかにしている。〈中略〉

そして最後にそれを成就した人々から代表的に百四十三人をあげて菩薩章を開き、「皆応に憶念、恭敬、礼拝して阿惟越致地を求むべし」と我々にもすすめているので

ある。（同書、二五五・二五七頁）

易行品に先立つ入初地品、地相品、浄地品は結局、必定、不退とは何かを明らかにしたもの、易行品はその不退をわれわれの上に実現する実践で、それを龍樹は自らの求道実践をとおして明らかにしようとした。龍樹にとって唯一の道は（信方便の）易行道であった。（同書、二六〇頁　取意）

2、武邑尚邦師は、易行品についての解説を結ぶにあたって次のように述べている。

以上の「易行品」の説明をみる時、信方便易行といわれるものが、称念仏名ということであり、それが主として阿弥陀仏易行として説かれていることは明らかである。といって、論全体の構成から考えて、本論はこの阿弥陀仏易行を説こうとして構成されているとはいえないので、前に述べたように、信方便易行を出した理由は、菩薩の死である堕二乗のおそれのない道を求めるものに対するものである。その点、この易行といわれる信方便には堕二乗の怖れはないが、堕悪趣の難は避けることができない。ただ堕悪趣の難はあっても菩薩道に戻り成仏への道はとざされてはいないのである。しかし、それでは漸々に道を求め、精進するものが、この称名憶念で必定に入り、不退転地にいるならば、そこでは自らの発心により発願せる願は、必成となるので、この「易行品」の叙述によって、願成就はその説明を終了してよいであろう。（『十住毘婆沙論研究』一二二五頁）

右の武邑師の所説に対し、私は、次の二点について所見を述べる。
一、論全体の構成から考えて、本論は易行品が中心であり、したがって弥陀の本願の信方便易行を説こうとして構成されている。
二、信方便の易行は堕二乗、堕悪趣など、すべての難を具えた者、すなわち序品の生死海沈没の衆生のために説かれているもので、ここに本論の対象がある。
なお「信方便易行は堕悪趣の難を避け得ない」の説は理解できがたい。

まず本論の構成についての武邑師の説をあげる。

『十住毘婆沙論』は世親が「住地」「釈名」「安住」と科した三分の叙述の内容を必成不退の如実菩薩の相を明らかにするものとみたのである。すなわち「入初地品」「地相品」「浄地品」の三品の叙述がこれを示している。

ところで、このような必成不退の菩薩には、必ず(引用者註・不退が)成就すると保証される願と、その必成を保証する行が具備されねばならない。そのためには、まず願が必成であるために発願の根本における発心が必成のものでなければならない。とすれば、その発心は仏に保証された発心であり、法の確実な裏付けをもつものでなければならない。この為に論は「釈願品」で願を明し乍ら、次に「発心品」を説いて願の必成を根拠付ける発心の確実性を求め、それが「仏教えて発心せしむ」という点と、三宝帰依にあることをつきとめた。すなわち、このような発菩提心こそが阿惟越致を約束するものである。そこで発心を吟味し確実な発心が仏にしからしめられ、護法の為と衆生救済の為とのものは仏道成就が約束されるということから、そのような不退転を如実菩薩の中の無条件に仏になれるものとして「阿惟越致相品」の最初にあげ、これを明らかにした。しかし、七種発心中、後の四種発心には成不成があり、不成なるものは敗壊の菩薩として堕二乗、堕凡夫であるとして、これを敗壊の菩薩とよんだ。しかし、後の四種発心は成の場合も認められ、そのようなのを漸々に精進して菩提を成ずる人といってきたのである。いま「易行品」は、このような漸々に精進して菩提を得る菩薩に対して、真に成仏を達成せしめる道を説こうとして設けられているのである。(『十住毘婆沙論研究』一一〇頁)

この同師の本論構成の考えの中心点は、釈願品の「願」の解釈にあろう。この願は同師のいわれるとおり入初地品の「自度已当度他」の菩薩の願から由来している。これについて同師は次のように述べている。

「自度已当度他」という菩薩の発願はどうして菩薩の本願として、必ず完成することができるのか。その本願の成就の裏付けが求められねばならない。このことについて本論は必定地における願の発起ということを説くのである。すなわち

仏の十力を得て、よくこの事を成じ、必定地に入りて、よくこの願を発す。という。〈中略〉本願の満足は仏の十力を得ることによることが示される。〈中略〉

〈中略〉そこで本論は、次に仏の十力を説明する。そして、その十力を説明して後に是の如き仏の十力を得んがために、大心に願を発し、必定聚に入る。と結んでいる。（同書、五九〜六〇頁）

ここに誤りがある。すなわちさきには「仏の十力を得て……この願を発す」と読みながら、後には「仏の十力を得んがために……願を発し……」と読み首尾一貫していない。このため同師の記述は次のようになってゆく。

すなわち、菩薩の本願の満足をうる為に仏の十力を得ようとして、大心に発願して、まず必定に入るというのである。〈中略〉

そこで〈中略〉必定に入ることのできる発心が問題となる。論が「釈願品」の次に「発菩提心品」を説き、七種発心を示し、その中で必ず成就するものと不定のものとを論ずるのは、このためである。（同書、六〇〜六一頁）

そうではない。「仏力を得て必定地に入り、願をおこす」であるから、必定地に入ることのできる発心はまったく問題にならない。問題になるのはいかにして仏力を得るかということである。同師は発心を中心として、発菩提心品以下易行品にいたる本論の構成を論じているが、その考えはこのようにその出発点に誤謬があると思われる。

天親は『十地経』の「為得仏智故、為得十力故」を「為何義」として、菩提心をおこす目的と考え「仏力を得ようとして大心発願する」と解釈している。これが『十地経論』である。これに対し、龍樹は「仏の十力を得るがための故に」初地に入るのであるとし、仏力を必定に入る理由とし、初地に入って願をおこすといっている。これが『十住毘婆沙論』である。この点が『十地経論』と『十住毘婆沙論』の大きな相違点であって、これを混同してはならない。同師はこれを混同し、天親の考えを龍樹に適用している。これが同師の本論構成の考えに大きく影響して上述のような誤った結論となったものといえよう。

本論構成についての私の考えは次のとおりである。龍樹は、入初地品、浄地品、地相品及び釈願品の四品をもって初地の菩薩の相を表わした。この菩薩は、仏力を得て初地に入り、これらの相を得、願をおこすことができた。しかし、いかにして仏力が得られるのかが課題として残った。この課題の解明こそが『十住毘婆沙論』の中心である。これこそが龍樹が序品において評説した鈍根懈慢の者が、十地に入り得る道の闡明であって、この論をつくる造意であるからである。

この道を明かすために、『十地経』の経文にない、発菩提心品以下の五品が出される。まず発菩提心品では、初発心の七縁を説き、鈍根懈慢の者は、あとの四縁に属し「多く成就せず」の部類のものであることを明かしている。次の調伏心品で、その発心の続かない理由を述べ、さらに阿惟越致相品でこの者は退転の菩薩とくに敗壊の菩薩となるほかないことを明かしている。そして最後にこの敗壊の菩薩が転進の菩薩として救われてゆく道を明確にするものが易行品であり、さらにこれを補うものとして除業品等を展開する。仏力は弥陀の本願力である。十方十仏の働きによって信方便の易行を得て仏力が成就する。したがって『十住毘婆沙論』の中心は易行品であり、本論の構成は、発菩提心品以下で易行品にいたる道程を明らかにしてゆく次第になっている。易行品以下はこのようにして誕生した必定の菩薩の実践を論じたものである。前述の仲野良俊師の『解読易行品』の終わりの文章も、易行品が本論の中心との考えであると思う。

3、武邑師は、除業品と分別一切功徳品について、次のように述べている。

次に「易行品」において、まず「菩薩の死」〈中略〉(堕二乗)の可能性のない信方便易行を出し、その易行について弥陀易行を詳しく述べている。ところが、この弥陀易行は誤って理解すると、易行でなく悪道に堕することとなる。しかし、このような人は、いつか必ず菩提への道を求めることが可能であると、そこで信方便易行を詳しく述べるのである。といって堕悪道は決してそれを見過すことはできない。そこで堕悪道を除去する除業が説かれる。それが「除業品」であり「一切功徳品」なのである。

(同書、一三二頁)

「弥陀の信方便の易行を誤って理解すると悪道に堕する」という意味は私には理解できない。堕悪道を除去するために除業品が説かれているということも了解できない。

私は上述のように、除業品と分別一切功徳品は、易行をさらに詳説するもので、弥陀仏への憶念・称名・礼敬が、懺悔・勧請・随喜・廻向等となって展開することを表わす章であると理解する。

第十章　除業品

「阿弥陀仏などの仏を憶念し、また菩薩を念ずると不退転地にいたることができるというが、ただ憶念すれば、それでよいのか、ほかに何もないのか」

「不退転地を求める者は、ただ憶念、称名、合掌礼拝すればよいというのではない。仏のみ前において、懺悔、勧請、随喜、廻向をすべきである」

易行品に続いて除業品が説かれている。除業の意味については、龍樹は次の分別功徳品で述べている。

いま問いは、阿弥陀仏に対する憶念、称名、礼拝ということはわかったが、ただそれだけであるのかということである。これに対して、真に不退転にいたる者においては、念称礼三つの行のほかに、さらに懺悔、廻向などが伴うのであると答えられている。

「懺悔とは何か」

「十方無量の仏は、しろしめすところ尽さざることなし。われいまことごとく、み前において諸の黒悪を発露せん。

今身における罪、過去における罪、尽くを懺悔したてまつる。
もし三悪道の中において、まさに業報を受くべくんば、
願くば今、この身において償わん。悪道において受けざらんことを」

懺悔は後悔とは違う。後悔は過去を振り返って「しまった。何故あんなことをしでかしたのだろうか。しなければよかったのに」と自分で自分を責め悔いることである。懺悔はそうではない。それはまず十方無量の仏の前にひれ伏してなされる。しろしめすところ尽さざることなき大いなる仏智の前に、自己の無明のゆえに犯してきた一切の罪を投げ出して合掌するところに懺悔がある。懺悔はまた必ずその罪の報いを、今ここで背負って償いたいという心である。罪の報いとして、未来に地獄、餓鬼、畜生という三悪道を待つまでもなく、現在この身において、その責めを負いたいというもの、これが懺悔である。そして懺悔は必ず、「今より以後、あえてまた作さず」という決意をはらんでいる。この三つが懺悔と後悔の相違点である。

龍樹は懺悔について次のように述べる。

私は今、十方世界の諸仏によって、無上菩提にいたる不退の道に立たされました。
私はいま全我を投げ出し、頭を諸仏の足にすりつけてお礼を申しております。仏はすべてを知りたまい、すべてを見そなわしたもう、世界の眼であり、灯でおわします。
しかしながら私は、無始以来の迷いによって、貪欲と瞋恚と愚痴にからまれ、罪業を重

ねてきました。今まで仏を知らず、法を知らず、僧を知らず、そのために悪心をもって仏身から血を出さしめ、あるいは正法を毀ちほろぼし、あるいは求道者の集まりを乱しこわして、求道者をはずかしめ、また自ら十悪を行じ、人にも行じさせ、人がそれを犯すのを見ては喜んでいたのでございます。また、人々に対していたわりの言葉や、感謝の言葉を出さず、人を欺き、人を犯し、間違った行動をとっては人を苦しめ、父母に孝行をつくすこともいたさず、道を説く人に反抗し、悪口をいい、軽蔑し、恨み妬んでいたのでございます。正しい法に対してそれは間違っているといい、間違った法を正しいと言い張ってきました。これらの罪は、み仏のことごとく知りたもうところであり、ごらんになった通りでございます。私はこれらことごとくを、み仏の前に一つも隠さず申し上げ、お詫びを申し上げることでございます。私は、今後このようなことは決して再びしない決心であります。しかし、私の罪は、まさに地獄、餓鬼、畜生の世界に堕ちるべきものであり、み仏におあいする値打ちもない存在であります。願わくば、私は私の罪をいまここで背負ってゆき、その償いをいたしたいと思います。どうか私に重い罪業のむくいをお与えください。

さきに述べた易行は、仏の本願の名号を聞き、それを信受するところに、仏の名を称える称名行として展開するものであるが、それは単に憶念、称名、礼拝にとどまるものではない。憶念、称名は、いわば静的、平面的なものである。しかしながら真の易行は、人間の迷妄を打ち砕く動的なものであり、無明を引き破る全我的な力を持つものである。その動的な姿が懺悔であり、勧請であり、随喜であり、廻向である。

たとえば、火は熱く、触れるものを焼き焦がす力をもっている。いま焼火箸を握ったとするとただ熱いというだけではすまされない。皮膚はやけ、肉はただれて「熱い」といって飛び上がらざるを得ない。ちょうどそのように、易行とは「憶念、称名……」であるというだけではない。易行は、人間の高慢な心を引きちぎって、仏の前にひれ伏させ、人間の心の迷いの闇を照らし破って、自己の罪障にめざめさせる力をもっている。そこに生まれるものを、まず懺悔といわれるのである。

「勧請とは何か」

「十方一切のみ仏と、現に道を成就したもう人々に対し、常に法輪を転じて、私を初めとする一切の衆生に法をお説きくださるようお願い申し上げます。十方一切のみ仏よ、どうか久しくこの世にとどまって説法を賜わりますよう。私は頭を地にすりつけてお願い申し上げます」

勧請とは至誠の心から求め願うことをいう。法輪を転じ、法幢を建て、法炬を点火し、法施をもって世間を利し、衆生を真に満足させるものこれ仏である。この仏の久住を願うもの、これ勧請である。

聞名、信楽、称名という易行の成立は、人間の根本的なめざめである。このめざめは、一つには自己に対するめざめであり、二つには仏に対するめざめであり、さらに三つには衆生に対するめざめである。第一の自己に対するめざめがさきの懺悔であり、第二の仏に対するめざめが、この勧請となって現われ、第三の衆生に対するめざめが、次の随喜、廻向となって現われるものであろう。

仏に対するめざめは、仏の教法に対するめざめである。仏の法の尊さ、その深さ、その広大なはたらきに対して目がさめるということが、仏の久住を願う勧請の心となる。「今よりいく久しく、あまねく諸の衆生と共に仏法を聞きつらぬかねばならない。願くば仏、在住したまえ」という至誠の願となるのである。

「随喜とは何か」

「布施を行じたり、あるいは戒を保ったり、さらには禅定に達したりする人がある。この人たちの福徳や、仏道成就の人の功徳、さらには一切凡夫の福徳、これらに対しけちをつけるようなことなく「よかった。よかった」と一緒に喜ぶことであります」

「廻向とは何か」

「私が諸の功徳を念ずるとき、それらの功徳と私自身の福徳とが和合して、広大な徳の世界が生まれます。私はそれを貪らず、ことごとく仏道にお返しして、すべての人々が仏道に立ってくれることを念ずるのであります」

龍樹は、このように随喜、廻向ということを説いている。

諸仏は、三界の迷いをたち、自利利他を得た功徳善根の所有者であり、大慈大悲の無量の功徳をもつ人である。この仏の説法をもし信解受持するならば、人はすべてその法利をわが身に得るであろう。仏の功徳はそのままその人自身の善根となる。さらに、仏の説法とこの人の善根とによって、諸天、竜、夜叉も、法を聞くことを得て善心を生ずる。仏徳は畜生にまで及び、かれらも法を聞いて善心を生ずるのである。すべての善根、善心、福徳一切は、それに随喜することによってすべて和合して一つとなり自己のものとなる。この随喜によって生まれた福徳を菩提に廻向することが、諸仏の随喜廻向といわれるものである。同様に人もし三世諸仏の福徳、並びに諸仏によって生まれ出たこれらの福徳を、心から随喜するならば、そこに大きな功徳がその人の上に生まれる。これを衆生にむかって与えるのが菩薩の随喜廻向である。おおよそ徳は、自らの所有物、生産物として握るべきものでなく、また、自分の徳、仏の徳として分別すべきものでなく、また執着すべきものではない。すべて仏及び菩薩の上に拝むべきものであり、随喜讃嘆すべきものである。自己の善根福徳は、自己自身の努力精進によって生まれたものでなく、仏の功徳と仏の説法によって生まれたものである。したがってこれらを自分の徳や善根として私有化したり、執着したり、いばったりしてはならない。もし自己の努力によって、多くの人々の進展が生まれ、多くの人々に功徳善法が表われたとしても、その淵源はまさに諸仏の功徳にあるのであって、わたくし自身が生み出したものではない。これはすべて仏徳でありまた人々の精進によるものであると拝まねばならない。しかしながらもし諸仏の功徳を拝み、周囲の徳を喜ぶ心、すなわち随喜の心がわれらの上に成立するならば、不思議にもこれらの徳は随喜とすべて和合して、われら自身の上に具わるようになる。このように随喜によって無上の徳が人間の上に生まれると、自然にこれらを菩提に廻向し、一切の人々が仏道に立つように役立てたいという心が、心中におこってくる。これを随喜廻向というと龍樹は説いている。

考えるに、人がもし易行道に立つことができたならば、そこに生まれるものは「我、我所の心を離る」という事実であろう。我とは我執、すなわち自己中心の思い、我所とは、自己所有物にとらわれる慳貪の思いである。道に立つまでは、われらはこの「我、我所の心」をどうすることもできない。それゆえ、仏の功徳や他の人々の善を見ても、それを無視するか、軽視するか、あるいは嫉妬するか、または、けちをつけるかのどれかであって、これに随喜するということはほとんどできないのである。これらの徳を認め、それを讃え、ともに喜ぶことは自己の敗北であり、自己が劣っていることを自認することであって、われらの自己中心の心は、到底それに耐え得ない。いわんや自己の善根を自己自身のものと見ず、その淵源をたずね、その因縁に問うて、これを仏にお返しし、その因縁を感謝して喜ぶというようなことは、まったく思いもかけないことであろう。これ「我、我所の心」のゆえである。しかしながら、ひとたび道に立つときは、不思議にも仏法を念じ他の人々の徳を拝むことができるようになる。これが随喜である。この随喜によって、仏徳も他の人の徳も、かえってこれらが自身の徳となり、さらに深化が生まれるのである。同時にまたこれらの徳をすべて、仏のみもとにお返しして、宿縁の深厚不可思議を謝する身となる。ここに廻向ということがある。これを随喜廻向といわれるのである。

以上のように、人間の上に成立する易行道は、単に憶念と称名にとどまるものではなく、人間の胸底の深いめざめとなって、罪障に対する懺悔となり、さらに自利利他を展開する原動力すなわち勧請、随喜、廻向となる。このようなめざめと自利利他の実践展開こそ、真の仏道の成立にほかならない。したがって易行道の成立は、単に精神的な行き詰まりが打開されるとか、心の安定が得られるというような個人的な問題解決の段階にとどまるものでなく、大乗仏教が展開される出発点となる意義をもつものである。このような易行の大道を明らかにした龍樹に対する親鸞の次の讃歌に、われらは深い共感をおぼえずにはいられない。

龍樹大士世にいでて　難行易行のみちおしえ
流転輪廻のわれらをば　弘誓のふねにのせたもう

本師龍樹菩薩の　おしえをつたえきかんひと
本願こころにかけしめて　つねに弥陀を称すべし

第十一章　分別功徳品

この章では、前半において、有相と無相の福徳を比較し、後半では懺悔の徳について述べている。

まず福徳はさきの除業品で述べたように、勧請、随喜、廻向によって菩薩の身に得られるのであるが、福徳には、有相のものと無相のものとがある。相とは形ということで、ある固定した姿、形をとるものを有相といい、固定した形をとらない自然《じねん》なものを無相という。有相とは外に賢善精進の形をとったり、何か形式的なものを感じさせるものであろう。「得るところの福徳もし形あらば、恒河沙等の三千大千世界これを容受せず」という。無相の徳とは「この菩薩、般若波羅蜜（仏智）の守護のために、法性に随って廻向し」身に得るところの福徳である。つまり、さきに述べたように、易行道が成立するとき行者の上に自然に成就する徳である。無相とは、内に無我なるものが、外に自然にこぼれ出るもの、それゆえに定まった形をとらず、すべての行動ににじみ出てくるものであろう。これは取り繕うたものでなく、計らわぬもの、永遠のいのちにつながったものの発露である。

これに対し有相というのは、計らい、取り繕われたもの、人間の為作、造作によるものである。したがって誇張があり、自然でない。努力によってあるいは布施を行じ、あるいは戒律を保ち、あるいは精神統一ができるようになれば、そこに徳が生まれる。しかしこのような徳は有相の徳と呼ばれる。無相の徳は仏智廻向によるのである。この無相の徳に対すれば有相の徳は百分の一に及ばず、いや千分の一、万分の一、百千万億分の一に及ばず、もはや数をもってかぞえることのできないほど小さいものであると龍樹は説いている。

次に懺悔の徳について述べられる。

「勧請、随喜、廻向によって得られる福徳についてはよくわかったが、君はなぜ懺悔の徳についてはは述べないのか」

「すべての福徳の中で懺悔の徳が最大である。業障を除くことができる故に。また懺悔は如意珠のようなものである。願うものは、皆ことごとく得ることができる。懺悔によって一切智、不可思議智、無碍智を得ることができる」

「君は懺悔によって業障を除くことができるというが、経典にはすべて悪業をなせば必ず業報をうけると説かれてあるではないか。因縁は空しくならない、悪因悪業は、悪果、悪報をうけるというのがすでに仏説である。仏、説いて申されるに、

業は無量劫において常に存在して失せず、

汝もし一切智人、善知識に遇うとも、

さきに造るところの罪業は、すでにその果報をはらむ。

いま仏に値うことを得るとも、煩悩の垢が尽きなければ、果をさとらない。

と。それ故、懺悔すれば一切の業障が除かれるとはいえないのではないか」

「私は、懺悔すれば罪業が尽く消えて、悪果がすべてなくなるとはいっていない。懺悔は罪を軽くし、またそれをうける時間を少なくするといっているのだ。

人があって身を修めず、戒を修めず、心を修めず、求道の大心がなければ、この人は小さな罪を犯しても地獄に堕ちて長時の苦を受けるであろう。しかし、人があって身を修め、戒を修め、心を修め、智慧を求め、求道の大志があれば、この人はたとい罪を犯しても、今世において少時にその業報をうけるにとどまるであろう。たとえば小さな器に水を入れ、これに一升の塩を入れたら、もはや飲むことができないほど辛いが、同じ一升の塩を大きな池に入れても、塩からい味はしないのであって、飲むのに何の差支えもない。これは水多く、塩少ないが故である。罪もまた同様である。偈にいう、

人もし大徳があれば、罪悪があっても求道の心が大きいため悪道に堕せず、軽く業報を受ける。人もし福徳が薄いと、少罪をつくっても、求道の心が狭少であるために、罪報によって悪道に堕するほかない。

今世に業報を軽受する者は、たとえば阿闍世のようである。彼は仏道に志深い父の

王を殺すという重い罪業を犯したが、仏と菩薩の因縁を賜わって、この重罪を軽受し得た。このように罪はいかほど多く、また重くても、懺悔の福徳が広大であって功徳が集まるために、転重軽受して、悪道に堕ちないのである。

君はまた、罪は消滅しないと言ったが、君には、懺悔によって罪はすべて除かれると経典の中に説いてあるのが信じられないのだな。そうではないよ。無量億劫の罪も、懺悔によってことごとく除かれるということがあるのだよ」

仏法の現世における最大の利益は何かと言えば、それは転悪成徳、転重軽受ということであろう。転悪成徳とは、悪業を転じ変えなして徳とすること。たとえば、氷をとかして水とするように、また油に点火して機関を動かす源とするようなことである。また転重軽受とは、重い罪の苦しみを、軽々と背負いきることができることである。それらはいずれも仏徳のしからしめるものであると、龍樹はいっている。

懺悔はこのような徳を生み出す源である。懺悔の徳によって悪業も転ぜられて功徳の内容となり、重い罪報も軽々と背負うことができるようになる。懺悔という内容についてはすでにさきに述べた。すなわち十方無量の仏の前においてわが罪悪を投げ出してお詫びすることであり、自らその責めを償い、荷なおうという心であり、これよりのち再びなさずという決意をはらんだものである。この懺悔は、人間の心に成就しためざめ、すなわち宗教的覚醒の具体相にほかならない。このめざめの成立が仏道の成立であり、仏性の誕生である。このめざめは仏智とその本質を等しくする。それゆえに無量の徳をもち、やがて無量の徳行となって展開するのである。

懺悔すれば最大の徳が生まれる。しかし、最大の徳が生まれる条件として懺悔が役立つのではない。懺悔は条件でもなく手段でもない。懺悔自身が徳の表われである。徳の相である。灯は闇を照らす。闇を破って輝くのが灯のはたらきであり、明るいというのが光の相である。火があるから照らすのである。懺悔によって徳が生まれるのでなく、徳自体の相が懺悔となって表われるのである。人間の上に最上無上の徳が成立するとき、初めてそこに懺悔が生まれる。これを「懺悔の徳、最大なり」といわれている。

この最上無上の徳はちょうど何千度の熔鉱炉のようなものであって、石も鉄も塵も芥もすべてを火とする力をもっている。これが転悪成徳であり、そこに生まれる事実が転重軽受ということであろう。懺悔の根源は徳の成立である。仏の功徳が人間の上に届くとき、さきの易行品の「憶念、称名、帰依」という姿が人間の上に表われ、十方諸仏の前に頭を下げて念仏する身となる。ここに自然に人の上に広大なる仏徳が成立する。その徳が懺悔となって表われ、罪障を滅して功徳とするはたらきを展開する。これを仏功徳力成就といい、この徳が、さきにいうような熔鉱炉のはたらきをもち、罪も悪もすべてを転じ変えなして熔鉱炉の内容としてしまうのである。それゆえ『歎異抄』には「本願を信ぜんには、他の善も要にあらず、念仏にまさるべき善なきゆえに。悪をもおそるべからず、弥陀の本願をさまたぐるほどの悪なきがゆえに」といわれている。本願を信ずるとは、さきの憶念、称名、帰依が生まれること、すなわち易行道の成立にほかならない。そこにいかなる善も頼みとせず、いかなる悪業も背負うて立つことのできる懺悔の人が生まれるのである。

懺悔が生まれるとき、積りと積る過去の罪障の一切が消滅する。これを除業という。業とははたらきをいう。行業というのがそれである。また業には必ずその因（もと）がある。これを業因という。また行業の結果を業果という。したがって迷いが因になって悪業が生まれ、悪業は業果を生み出し、この業果が再び因となって次なる悪業を生み、さらに業果を生ずる。このような繰り返しを宿業という。その宿業のすべてが取り除かれることを除業といわれる。たとえば「これくらいのことはしてもかまわない。誰でもやっていることだ」と考えて会社の金を使いこむとする。この考えが迷いの因であって、使いこみが悪業である。とうとうそれが発見されて厳しく叱られた。彼はひどくショックをうけて毎日酒を飲んでまぎらわし、とうとう健康を害してしまったということになると、叱られたのが業果であり、これがまた因となって酒を飲むという次の行業を生み、それが病気という果につながってくる。このような連続が宿業である。

仏教の目標はある角度からいえば宿業を除くことにある。つくりとつくった一切の悪業の因も果もすべて除かれ滅せられて、三界流転の打ち止めをするものが仏道である。それゆえたとえば『観無量寿経』の最後（流通分）には「この経をば〈中略〉また、浄除業障、生諸仏前と名づく」といわれている。浄除業障とは業障を浄化し除滅することをいう。そのことはまた諸仏の前に生まれ真の世界の人となることを意味している。これが「諸仏の前に生まれる」ことである。けれどもそれでは因果の道理と矛盾するのではないか、というのがさきの質問である。善因は善行となって善果を生み、悪因は悪行となって悪果にいたるのが厳然たる事実であって、この道理と除業とは矛盾するではないかというのが、さきに述べた質問の要旨である。

これに対し龍樹はまず実際には転重軽受（重きを転じて軽く受く）が懺悔の功徳であるといっている。そして最後に除業ということに触れているが、その言葉は簡にすぎるので、さらに一言しておきたい。

まず罪が除かれるということは一体どういうことであろうか。殺人の罪で裁判所に起訴されていたものが、証拠不充分で無罪の宣告をうけるようなことであろうか。あるいは刑務所で服罪していたものが特赦をうけて放免されることか。そうではないであろう。まず罪というものは罪という固定された何ものかがあるのではない。罪は感じとるもの、心に感ずるものである。それゆえ罪の意識といわれる。この罪の意識のない人にはどのような罪も罪とは思われない。したがって罪を除くということもあり得ないのである。宗教はまず罪の意識のない人にむかっては、罪を説くのである。これが宗教の行き方である。なぜかといえば罪の意識に立たなければ救済も自覚も成り立たない。罪の意識のない人は本当の意味では幼児にすぎず、成人ではないからである。まず人間を、人間に引き戻すことが宗教のはたらきであろう。

罪を感ずる者において初めて罪は除かれるかどうかという問題が生まれる。しかし罪が除かれるというのは何とか理論をつくって「無罪」の論理をたてることではない。阿闍世に対する六師外道の説教がよくそれを物語っている。父を殺した罪に自ら責められている阿闍世をどんなに慰めても、どんな理論を聞かせても彼の心は安まらなかった。「無罪」の理論も弁護も、除業とならなかったのである。除かれるということは罪にめざめることである。自らが大罪人であることにめざめて、自身を仏の前に懺悔するということが罪に対する根本的なただ一つの態度である。そこにはじめて「三世の業障一時に罪消える」という事実が生まれる。それは厳然たる事実である。懺悔とはすでに述べたように罪を自ら背負うということである。背負うことによってすべて消滅する。もとより世間的な責任や結果は残っているから、それは残務として始末しなければならない。それ故あとに後始末は残るけれども、彼の心中にはもはや業障は少しも残らない。それを「一切の業繫ものぞこりぬ」といわれ「罪障功徳の体となる」といわれるのである。殺人の罪で死刑になった人が「私が悪かった」と懺悔して処刑されてゆく。はじめは彼は相手が悪いとばかり主張する。中途では「私にも悪いところがあった」と自己の非を少しずつ認めるようになっても、「しかし相手も悪いのだ」と非を外にむけて決してすべてを背負わない。人間には罪障のすべてを自己に背負う力がないのである。

罪を背負うということは大きな転回であり廻心である。この転回が懺悔である。この転回がどうして人間の上に可能となるのであろうか。人間には罪を背負うということができない本性がある。それを自己中心という。自分に都合の悪いことは全部押しのけて決してこれを背負おうとはしない。そのようなものを人間は根本にもっている。それゆえ罪を背負ったみじめな自分を見ると「こんな自分ではなかったはずだ」といって自殺したりする。そのような自己中心の存在がどうして罪を背負えるようになるのであろうか。それは人間が背負うのではない。仏が来たって彼を背負うからである。仏の前にひざまずいて「自分の罪だ」といって自己の罪を自ら背負って立つそのとき、実は大いなるものが来たって彼自身となって彼の全体を背負っているのである。これを機法一体といい、南無阿弥陀仏という。ちょうど春の野に咲くたんぽぽが懸命に根をのばし花を咲かせているそのままが春の大生命のはたらく姿であるように、柳の芽は柳自身でありながら、芽はそのまま太陽が柳の上に生きているはたらきを示すように、罪を照らし出され、罪にめざめて、罪を背負うままが仏のはたらきである。仏が彼になって罪を背負うのである。この事実を南無阿弥陀仏という。仏が彼に生きるのである。仏はどこか彼方にあるのではなく、また絶対他者として外にとどまっているのではない。絶対他者でありつつ、しかも私になりきって真の私として生き、私において真の私となる。私が私の罪、私の宿業をすべて背負うままが、実は仏が私の南無阿弥陀仏となり、私の信となって、私を背負うてくださるのである。そこには罪のひとかけらも残ることはなく、「三世の業障、一時に罪みな消える」という事実がある。このような除業が実際に展開するところに仏道のはたらきがあろう。「しかし相手も悪いのだ」ではない、「すべて私が悪かった」と懺悔して処刑されてゆくところに、実は一切衆生を背負って立つ仏の姿が顕現している。

弥陀の四十八願のすべてに「設我得仏（たといわれ仏を得んに）」とある。これは「仏になりたい」という仏願を表わす。「仏になりたい」とは「仏でありたい」、「私が仏であるぞ」との大悲心の叫びである。子がなければ親はない。親は子があるから親である。曽野綾子氏は『戒老録』に、「私が親です」と名のるべき時が一つあるといった。それは子が刑務所に入るような罪人となったときであるという。まことに、そのときこそ「私がこの子の親です」、「何でも背負ってやりたい」というときであろう。衆生がなければ如来はない。如来は衆生のゆえに如より来生してきたのである。その如来は、罪人われに「親でありたい」、「親となろう」、「私が親である」と呼びかけてやまない。そしてわが罪のすべて、わが宿業の全体を自己の荷として、背負ってくださるのである。そこにまったく思いがけなくも、われらの罪業のすべてが除滅してゆく、ここに仏道が成立する。

第十二章　分別布施品

易行の大道に立って懺悔し、勧請し、随喜廻向するとき、人は菩薩として誕生する。ここに誕生した菩薩はやがて次第に福徳を増し柔軟な心の持ち主となってくる。それは我心が融けてゆくためである。彼は諸仏の無量の功徳を次々に了解し信受するようになり、また彼に先立って道を歩む菩薩たちの清浄な生き方がわかってくるようになる。これは道に立つことのできなかった凡夫のときには、理解できないものであった。しかしこのように仏道を進むとき、思われてくるのは、自分以外の苦悩の衆生の身の上である。自分が仏道に立って仏、菩薩の無量甚深の清浄功徳を知れば知るほど、このような功徳をもたず、ただ自己の邪見のみで行動して、種々の苦悩をうけている人々の身の上が思われて、それに深い悲しみの心をもつようになる。そしてこの人々の苦悩を抜いて、自己と同じく安楽の道にあらせたいと念ずる、これを慈悲という。菩薩はこの慈悲の心をもって一心に精進をはじめ、この人たちを道に立たしめるために、自己のもつ一切を捧げようとする。ここに利他の行が展開する。自己の確立が他へのはたらきかけの出発点となるのである。

思うに『十住論』の対象は、序章に述べられている生死の苦海に浮き沈みする衆生、凡夫であった。彼らは鈍根、懈慢であり、邪見にとらわれ、自己中心の生活にあけくれする普通人であって決して利根、精進のエリートではなかった。しかし失敗に失敗を重ねながら、ようやくにして諸仏の加護と指導を得て菩薩となることができた。けれども菩薩となったからといって、それで終わりということにはならない。その菩薩位において彼は初めて、生死の苦海に沈淪する衆生のために、布施行を尽そうと決心する。それは凡夫の昔では思いもよらないことといえよう。けれどもこのような利他の菩薩を誕生させることが仏道の実際であり、仏道の意義である。自己の確立だけでは大乗仏教といえない。他へのはたらきかけがなくては真の仏道ではない。このため、龍樹は以下、布施の内容について詳しく述べている。

まず布施には不浄施と清浄施がある。不浄施というのは、たとえば次のようなものである。

非法財施……非法の悪業によって得た物や金を布施する
恐怖施……布施をうけたものが、心配や恐怖をおぼえるような布施
諂曲施……相手に媚びへつらって行う布施
悋好以不好施……自分の好きこのむものは惜しんで与えず、好まないものを与える布施

疲厭施……いやいやながら与える布施
軽一切衆生非福田者施……福徳をもたない人を軽蔑した心をもって与える布施
求名聞施……人からほめられることを期待しながら行う布施
悔心施……布施をするのではなかった、やめておけばよかった、と後悔しながら行う
　布施
急喚故施……性急に大声をあげて、よばれたので与える布施
自然法施……自然にそこらにできたものを与える布施
擲与施……手渡しせず、なげ与える布施
不自手施……手ずから渡さない布施
競勝施……他の人の布施よりも劣ってはならないという競争心で与える布施
軽少物劣弱心施……軽少のため劣等感をもって与える布施
恃多物慢心施……多いのを頼んで憍慢な心で与える布施
瞋恚施……腹立ちの心で与える布施
求果報施……何かの報いを期待して与える布施
非時施……寒いときに冷たいものを与えるような時機にあわない布施
智者所呵施……智慧のある人から見たら叱られるような真心のない布施
豊饒易得物施……ゆたかに実って、どこでも簡単に手に入るものを与える布施

求反報施……かえりものを求める布施
求吉施……布施をしたら何かよいことがあるだろうと期待して行う布施
以讃己故施……ほめてくれたので与える布施
以呵己故施……叱られたり、悪口をいわれたりしたので与える布施
以称希有事故施……まったく稀なことだとほめられたので行う布施
以明己信故施……自分の信心を明らかにみせるための布施
以怖故施……布施をしないと悪いことがあるかもしれないと怖れて行う布施
求眷属施……味方に引き入れようとして行う布施
無因縁施……何も因縁がないのに与える布施
不愛施……慈悲の心もなくて与える布施
為伏彼施……相手がこちらの言うことを聞くように与える布施
不任用物施……役に立たぬものを与える布施
以親近故施……親近関係になるために与える布施

不浄施は垢施ともいわれる。垢とは煩悩の垢であり、慳貪を施垢という。慳とは物を惜しむことで、貪は一人占めである。この慳貪が最も重い煩悩の垢である。これを不浄といい、慳貪の心のままで行われる布施を不浄施という。菩薩の布施は、この垢を断じ、功徳を成就したものであってこれを清浄施という。功徳とは、空、無相、無願、解脱、不断、

広大、一切智慧である。空とは無私をいう。布施を行じて、行じた心をとどめず、無相すなわち形にこだわらない。無願とは、布施による自己の果報を求める心がなく、煩悩を離れ（解脱）、一貫しぬく広大な智慧が布施の根本となっている。菩薩は、衆生を利益するためにはよく自身を捨てる決心をもっているのである。

菩薩の布施は、総じては衆生を利益するためのものであるが、別しては無信の衆生に信を得しめたいために、また戒をもたぬ者が戒をもつようにするために、また聞法の少ない者が多聞を得ることができるように、また懈怠の者が精進できるように、愚痴の者が智慧を得るように、慳貪の者が捨心を得ることができるように、ということを目指して行われる。いわば衆生を仏道にあらせたいと念じて行ぜられるものである。このように布施の目標がはっきりしていないと、布施を与えられた人がかえって堕落し、布施を得るために反対に仏法から遠ざかってゆくことにもなろう。

したがって布施は必ず無上菩提を指向する方向をもたなければその意味と価値を損なう。人は無上菩提を目指さない限り、必ず世間の楽しみを追い求め人生の幸福に執着する。もし布施をうけた人が世間の楽にとどまるならば、折角布施を行じても大きな価値はないといわねばならない。布施によってその人が無上菩提にむかい、求道の手がかりをつかみ、よき師、よき友に恵まれるような機縁を得て初めて布施の役割はまことに大きいといわねばならない。それゆえ、布施をする心の方向をこのように龍樹は強調するのである。

次に布施を行ずる心根として龍樹は三心を示している。一つは一切衆生に対する慈悲心である。これが布施の出発点である。二つには仏法から離れないように、三つには果報を求めず布施を行ずることをあげている。これらの三心はつづまるところ、布施の心根として菩提心（道心）をもって行ずるということに摂められるであろう。

このうち第二の、仏法から離れず布施を行ずるということは原文では不遠仏法向行布施とある。この意味は必ずしも明らかではないが、おそらく布施行に溺れ利他行に流されることなく、自身の求道をおろそかにしないようにという心であろう。

最後に龍樹は次のようにいっている。

「大富を得ようと欲する者は布施を行ぜよ」

「菩薩がもし大富ならば則ち貧苦を離れ恵施する能力があり、親族はもとより、善知識を利益することができ、心がつねに歓喜してよく大施与ができる。もし婆羅門ならば多くの経書を読み、その実利を得てよく施す人となろう。もし刹利種として生まれるならば、世を治め果報を得るであろう。商売をすれば利益をあげるであろうし、首陀羅であれば事業が意の如くなるであろう。すべて富をもつことによってこれらが可能である。また他の富貴を見ても怖れるところなく、たとい下賤の生まれであっても大人の相をもつであろう」

「君はさきに果報を求める心で布施をしてはならないといったし、また豪富を求めて布施をするというのではいけないといったが、今いうのを聞くと大富を求めるために布施をするといっている。これはさきのことばと違うではないか」

「何も違ったところはない、もし自分のために富を求め、楽をうけようとするのであれば、それは誤ったゆき方である。私が今いっている富は、ただ衆生を利益する目的のためのものである。大施をしようと思うて富を求めよ、自身のために求めるのではない。もし菩薩が大富を得なかったら、どんなに布施をしようと願っても、そもそも与えるべき財が手許にないことになるではないか」

ここに龍樹の器量の大きなところが窺える。彼は大きな富を得るために布施を行ぜよという。さきにいうように布施は自ら慳貪の心を捨てて他をあわれみ、財を施してこれに仏道の因縁を与えようとするものである。しかしそのことがまた自ら大富をうるための道であると彼はいっている。

努力によって得た富はこれを仏法のためにまた人々のために布施するならば、そこに初めて大きなはたらきをすることになる。真に仏法に立つとは、家をすて妻子を離れて山にこもって求道することだけではない。在家のままで、あるいは農夫、あるいは商売人、あるいは政治家として仏道を行ずる道がある。その例をここに示している。これはまことに龍樹らしい広大な立場にたつ説法であると思われる。

さてこのような分別布施品の内容からみると、龍樹は在家の求道者の立場を重視していることがわかる。次の分別法施品や、さらには帰命相品、五戒品、知家過患品、入寺品および共行品では在家の菩薩のなすべき行業が述べられ、とくに帰命相品や五戒品などは明らかに在家の菩薩のために説かれたものである。このようにかなり多くの章が在家の求道者のためにさかれてあるということは一体何を意味するものであろうか。これについては後に述べたい。

第十三章　分別法施品

人がもし生死の苦海を越えて仏道に立つことを得たならば、彼は懺悔、勧請、随喜廻向の道を歩むとともに衆生の苦悩を坐視することができず、布施の行を始める。これを菩薩行といわれる。菩薩行には財施と共に法施がある。この法施の修行と学習について述べられているのがこの分別法施品である。

一切の布施の中で第一のもの、最上のもの、最高のものは法施である。これはすでに仏の説きたもうところである。この法施はただ智者のみが行ずべきものである。

「なぜただ智者だけが法施を行ずべきだというのか」

「智者でない者がもし法施を行じたら仏の教えと違った説を説くであろう。もしこのような異説を説けば自利を失うとともに、他の人の利益を損うことになる。自損損他である」

次に菩薩がもし法施を衆生に施そうとするときは大乗経典の中に述べられてあるように、説法の法式に随わなければならない。まず総体的にいえば、説法者のまさに行ずべきものに次の四つの物柄がある。一は広く多くのものを学び、一切のことばや文句の意味を知り理解していること、二はよく世間、出世間のすべての物柄の実相を知っていること、三に禅定の智慧を得て教法に随順していること、四に自分の説く道理を自分で実行していること、これが根本的なことである。

次に説法者が説法の座において守るべき四つの物柄がある。一には、高座に昇るとき、まず大衆に対し恭敬礼拝してのち座に昇ること、二には、大衆の中に女人がいるときは不浄観をなすべきこと、三に、威儀を正し大人の相をもって法音を述べ、和顔をもって説き、心に怖れたりひるんだりすることなく、四に、悪口や質問や論難には忍辱を行ずべきこと、以上四つの物柄をあげている。不浄観とは、女性の容色に対する欲望を制するため、死屍が次第に腐敗し、ついに白骨に化するまでのすがたを心中に観想するなどのことをいう。

「さらにまた四あり、一は、自ら身を軽んじない、二には、聴衆を軽んじない、三には、所説を軽んじない、四には、名聞利養のためにしない」

最後に龍樹は経を引いて次のように述べている。

「仏、阿難に告げて申されるには、「説法者は何の法を説くべきであろうか。説くべき法は無相であり、為作造作を超えたものである。目に見えるように示すこともできず、口に説きあらわすこともできないのが法である」」

阿難が答えていうには、

「世尊よ、法がそのようなものであれば、どのようにして説くことができましょうか」

「阿難よ、仏法は甚深微妙である。如来は四相方便をもって説きあらわしたもう。一には音声をもって、二つには名字をもって、三には語言をもって、四には義理をもってあらわしたもう」

音声をもって法を説くというのは、正覚大音響流十方ということである。如来の本願に触れた世尊の正覚の音声が、世尊自身の感動のこもる声となってわれらに迫り、真実なるものを直観せしめる。これを音声をもってするといわれるのであろう。また名字をもってするというのは、名字を教えることであろう。次に語言とは、ことばをもってわけがらを明らかにすることであると思われる。

義理をもってあらわすとは、わけがらや道理を説くことにほかならない。すなわち法を説くということは、まず自ら法に触れて法を体認した感動が、言葉となり讃嘆となり弁舌となって、表われてくるということにほかならないであろう。また、四因縁をもって法を説きたもう。一には度すべき衆生を度そうとして、二にはただ名字だけをもって、三には種々の文字や文章で衆生を利益したもう、四には名字を説いても名字にとらわれず、そのわけがらを理解するように説きたもう、如来はこのような四つの因縁をもって法を説きたもうので、衆生はこれを聞いて心に安楽を得て、涅槃の因を植えつけられるのである。

第十四章　帰命相品

布施について、まず法施に関して述べたのち、龍樹はさらに続いて、在家の者は財施を行じ、出家の者は法施を行ずべきだと言っている。その理由は、在家の者が法施を行じても出家に及ばぬところがあり、聴聞の者も在家の者の説法に対しては聞信の心が薄い。在家の特徴は、財物を持つことが多いという点にある。これに対して出家は経法に通じ、これを人に説くことに怖れを抱かず、また聴く者をして恭敬の心をおこさしめ納得させる力がある。これらのことは到底在家の者の及ぶところではない。

出家の人が財施を行うと、自らの修行を妨げる結果を生む。財施をするためには必ず在家の者と一緒に事に従い、いろいろと話し合いをしたり説明をしたりしなければならない。もし事業に従わなければ財を得るすべがないのが出家である。このように出家の者が在家の者と交わり、多くの事業を共にすると、諸根が発動し、三毒の煩悩とよばれる貪欲、瞋《しん》恚《い》、愚痴がおこり、持戒、忍辱《にんにく》、精進、禅定、智慧の心が薄くなる。また在家の者と一緒に仕事をすると、名聞利養の心がおこって、腹立ち、嫉み、愛着、ものおしみ、嫉妬などの心がおこりがちである。反省や持戒の力で心を押えていくのが中々むずかしく、志の弱い者は、自制力を失い、五欲にとらわれ、出家としての戒を捨てて還俗する者が現われる。これは出家者の死である。また戒に反し、多くの重罪を犯す者が現われる。これは出家にとって死にいたる病である。

これらの理由からみて、出家の者には法施がふさわしく、在家の者には財施が勧められるのである。

龍樹はこのように広く在家の者の行ずべき事柄として財施を説いたのち、財施以外に行ずべき在家者の他の善行について述べている。その第一がこの帰命相品である。

易行の大道に立つ者は、まず三帰依、すなわち仏に帰依し、法に帰依し、僧に帰依する。まず仏に帰依するとはどのようなことか。それは大道に立って道を進む心を捨てず、休まず倦まず、受けた法を行ずる。そして苦悩の衆生を忘れず、これを助けたいと思う心がたえず、また仏道を深く信楽して二乗の道に入らない。これが帰依仏ということである。要するに自利利他の行を励むことが仏に帰依することである。

法に帰依するということはどういうことか。法を説く人のところに、常に親しく近づき赴いて、供養し、恭敬し、一心に聴聞し、受持する。そしていつもその法を憶い念じ、心に忘れず考え、推し量り、その本当の心を得てそれを実行する。このように自ら法を得て、しかるのち人のためにその通りを説いて法施を行じ、仏道に向かわせることにつとめる。

これを帰依法という。要するに法中心の生き方をするところに法に帰依するということがある。

僧に帰依するとはどういうことであるか。仏法を求め悟りを得ようとして努力している声聞の人に、真の道心をおこさせ、仏の智慧力を得させる。それにはまず財施をもってこれを摂取することが第一である。摂取するとは、衣服、食物、飲物、寝具、医薬、香、その他必要なものを与えることである。出家の人に対しては、このような必需品をもって接し、在家の人に対しては連帯を保ち、親愛の心を生じさせ、言うところが信受されるようになってのち法施をするがよい。このように出家、在家ともに、まだ道に進まない存在を真に仏道に立たせるようにすることが僧に帰依することである。また出家があって、諸戒を守り、恩愛を離れ、分別や戯論をせず、空、無相、無願を信楽する。このような出家に対し、尊敬し、教えをうけることを、また僧に帰依するという。戒をもつとともに、禅定の悟りに入り、智慧を具足し、心に自在を得て、大威徳の出家があるとき、このような出家の功徳を仰ぎ、所得の智を信楽することをまた僧に帰依するという。

さらに念仏ということについていえば、仏像を見て真仏を念ずる。真念仏のゆえに仏に帰依するという。

「真仏を念ずるとはどのようなことか」

「真仏を念ずるというのは、色相でなく、形でなく、見聞覚知でなく、心の意識でな

く、憶想分別でなく、取相覚観でなく、形式容姿でなく、無量不可思議、無憶無想、不住眼識、不住耳識、不住意識、不住一切諸縁、不生見聞覚知、不貪、不苦、不取、不受、不来不生で生相がなく、法性に摂在する、このような念仏を名づけて真念仏とする」

如実の念仏が帰依仏である。如実の念仏とは、人間の心や意識で仏を念ずるというようなものではない。念仏は本来、法性に具わるもの、すなわち仏に属するものである。しかしまた、念仏は人間の上に成立する事実であるから、本来は仏に内在する徳が人の上に自《じ》然《ねん》にあらわれて念仏となるものといわねばならない。これが真念仏であり、この真念仏のあるところに仏に帰依するということがある。龍樹は、念仏についてはさらに後に、念仏品、助念仏三昧品などを説いて詳しく述べている。

また念法というところに法に帰依するということがある。法を念ずるということは、法が清浄であって、よく貪欲を断じ、瞋恚を断じ、愚痴を断じ、慢心を断じ、疑悔を断じ、愛欲を断じ、寂滅を得しめる功徳があることを念ずる。このことは、法の外ではできない。法に生かされて法を讃えることを念ずるという。ここに念法ということがある。

また念僧ということは、さきに述べたような出家の功徳を念ずることである。このように仏法僧の三宝を念じて決定の心を得、念仏、念法、念僧の心をもって仏道を進み、布施を行じてゆくことを仏に帰依するという。決定の心を得るところが大切である。また法を守護するために布施を行ずるところに帰依法ということがある。このように布施を行じて、菩薩や声聞を摂取してゆくところに帰依僧ということが成立する。こうして三宝を念じ、しかも布施を励むところに三帰依ということが成り立つのである。この三帰依こそ在家の菩薩の修すべき行であると龍樹は言っている。

第十五章　五戒品

龍樹はさきに述べたように、真に易行の大道に立ち仏道を進むものは、布施を行ずべきであるといい、布施に財施と法施あり、在家の者は財施を、出家の者は法施を行ずることを勧め、さらに在家の者は財施のほかに三帰依の生活をすべきことを明かした。この五戒品では三帰依に続いて、在家の菩薩の生活の上での注意をさらに具体的に述べ、以下知家過患品、及び入寺品においては、またこまやかに生活の実際について説き示している。菩薩の誕生とその進展を論ずる『十住毘婆沙論』において、このように在家の菩薩が重視されているのはなぜであろうか。

本論はすでに繰り返し述べたように、生死の苦海に浮きつ沈みつする衆生を教えて、これを菩薩たらしめるために説かれたものである。生死の苦海とは現実の人生にほかならない。この現実界において人間的な愛情、経済的な苦痛、身体的な痛みなどにおし責められて苦しみ悩んでいる者を、菩薩として誕生させることこそ本論の唯一の目的である。その苦しみ悩む者は鈍根、懈慢といわれるような凡夫の存在であって、利根でなく智慧のない人々であり、仏法の教えも心に入らず、深い悟りにも入り得ない凡人たちである。そのような人は、その日その日の生活に追われ、異性に心惹かれ、子供の愛に引きずられている存在であって、随愛の凡夫といわれる人々である。これはつまり在家の存在に違いない。在家であればこそ仏の説法にも、教説にも、わが身を打ちこんでその心を摑むことができないのであり、人間の愛情関係に引きずりまわされてこれをいかんともし難いのである。このように考えると、『十住毘婆沙論』は在家の者、人間生活に引きずられて愛欲煩悩の中に明け暮れしている者のために説かれたものということができるであろう。

大体、仏道は捨家棄欲、いわゆる出家して求道すべきものとされ、在家の者の求道は釈迦教団にとっては附随的な取り扱いをうけてきた。釈迦教団は出家者を中心とした求道団体であった。したがって在家の者は家を捨て、出家して道を求め修行をするのが仏教の大道であると考えられてきた。すなわち、在家のままでは仏教の真の対象とはなり得なかったということができる。けれども、このように人生を捨てて道を求める者を教団の主たる対象とすることがはたして正しい、普遍性をもつ教団のゆき方であろうか。大いに疑問であろう。なぜならば、人生は在家者をもって成立しているというべきであるからである。

龍樹は在家のままで菩薩が誕生することを認め、『十住毘婆沙論』を著わした。そしてその誕生以後における行き方を丁重に論じ、さきにいうように在家の人のためと名ざして布施品以下入寺品までの数章において、その人たちの特に注意すべき諸点を述べてきた。

私は龍樹が、在家の菩薩をいわば仏道の正客として論じた行き方に、深い敬意を払わざるを得ない。捨家棄欲は仏道にいたるための方便である。それは必ずしも必須の形式ではない。もし出家が求道のための必須の形式であるとすれば、仏教は決して全人類の教法とはなり得ず、ただ一部のものだけの所有にとどまるであろう。出家しようと出家しまいと、利根であろうと愚鈍であろうと、もし教えにあうならば、あらゆる人々がすべて菩薩として誕生し得る法、それが真の法でなければならない。そしてこの真の法に遇うた者は決して出家、在家、利鈍、老若男女などの差別を論じないであろう。かえって真の仏教者は在家の求道者に対し、深い思いやりと、励ましのことばを惜しまずに与えるに違いない。私はさきの在家の菩薩についての諸章に、このような温かい龍樹の心を思う。

菩薩が誕生するのは出家、在家の別によるのではない。出家であれ、在家であれ、いずれも努力精進のはてに自己の本質にめざめ、十方諸仏の教化をうけて、ついに如来の本願に帰入する身となるところに、あらゆる人々が菩薩となり得る道がある。それが龍樹の教えである。しかし在家の者は出家と比べると求道には多くの困難がある。それゆえ出家の方が進展しやすいということはあろう。また菩薩として誕生した場合も、在家の者はやはり日常生活に追いまわされるため、菩薩としての進展が非常に遅い場合が多く、停滞しがちで中々に深まらないのが普通である。龍樹がとくに布施品、帰命相品、五戒品、知家過患品、入寺品などを説いたのは、在家の菩薩の進展、深化を念じ、往生の大道を邁進することを期待する心によるものであろう。私はこの龍樹の深い配慮に厚く感謝したい。

さて龍樹は五戒品において次のように説いている。

在家の菩薩はさきに述べるように帰依仏、帰依法、帰依僧の三帰依を心の中心とし、次に功徳を行じ五戒を堅く守らねばならない。功徳とは自利に住するとともに、利他を行ずることである。すなわち道理に従って力を尽し財を集め、これをもって三宝を供養し、老人や病人を救い、世間の名聞、利養、勝他の心を超え、恩を知り、恩に報い、財をもって貧者に施し、怖れを抱く人にはこれを教えて心安らかならしめる。このように他に向かって善行を行ずるとともに、自らの内面に五戒を保つのが在家の求道者のつとめである。

五戒というのは在家の菩薩がすべて守るべき法で、一には殺生の心を離れ人々をいつくしみ悲しむことである。二には自ら足るを知り他人のものを貪らず、三には邪淫を離れ、妻以外の女性には近づかず、よこしまな眼で異性を見ない。五欲は畢竟みな苦であることをよくわきまえ欲を離れ、執着を離れるように努める。四には嘘をいわないで実語を述べ、人を欺かず、心にもないことを口に出さず、見聞覚知の通りを人に伝える。五には酒が放逸の根本であり悪の門であることを知って飲み過ぎず、また飲んで狂乱せず、酩酊せず、うきうきすることなく、また怖れず、無恥に溺れず、調子はずれにならない。以上の不殺生、不与取、不邪淫、不妄語及び不飲酒戒の五戒を保ってあやまらないのが在家の菩薩のつとめである。

「五戒のほかに護るべきものはないか」

「人々に対し布施と説法を励み、これを教化すべきである」

在家の菩薩は他の人々に対し、布施を行うとともにこの人たちを教化することにつとめる。不信の人のために真実の信を説き、物や金を出し惜しみ貪りとることを好む人のために布施の法を説き、腹を立てやすい人のために和らぎ忍ぶ法を説き、怠りがちな人のために精進の法を説く、このようにその人々に適当な教えを説くのが在家の菩薩の励むべき事柄である。特に在家の菩薩に対し、根性の曲った悪い人たちが種々のよくないことをしかけてこの菩薩を苦しめるとき、菩薩はそれに対して「もういやだ」と諦めない。「このような悪人を教化することはもうやめよう。このような人にはたらきかけることはもうこりごりだ」というような心は起こさず、かえって「このような人は決して少なくない。これらの人を本当に楽しむべき法に住するようにしたいものである。この人たちのために私は力を尽し、万億倍の精進を重ねて大きな力をもち、この悪中の悪、悟りがたい難化の衆生を教化したいものである」と考える。菩薩はこのように自己の場において力を尽して衆生を教化する。彼がもし懈怠の心に陥り教化を厭うて世間的な楽しみにとらわれ、人々を教化することをやめ人々を悪道に陥らしめることになると、この菩薩は十方の諸仏のために深い叱責をうける。それは「汝は何故に小さな因縁にとらわれて、大事な教化を捨てるのか」という叱責である。この叱責は菩薩の周囲の諸仏から加えられる批判であるとともに、彼自身の内からおこる自責でもあろう。菩薩はこの批判を欲せず、心の曲った人々を相手として心をふるいたたせ、いろいろと手段を尽して、ねんごろな教化を怠らない。ここに在家の菩薩の精神がある。

第十六章　知家過患品

在家の菩薩は求道の上における在家の欠点を知らねばならない。欠点を知り非を悟るということがその過ちを超える道であるからである。在家の者は家をもつ。この家に過患があある。それは経中に説かれているとおりである。

家は善根を破り、清白の法を壊す。家は貪欲、瞋恚《しんい》、愚痴の住むところであり、一切苦悩のすみかであって先世の善根を消尽する場所である。人は家の中に住して、作すべきでないことをなし、言うべきでないことをいい、行じてはならないことを行ずる。家において父母を軽んじ、師長をあなどり、仏世尊を尊敬しない。家は貪愛、憂悲、苦悩の衆苦の因となり縁となる。この貪愛の因縁、瞋恚、愚痴の因縁で悪道におちる。家には戒定慧がなく、解脱を得ない、解脱智見を生じない。

在家の菩薩はまさにこのような家の過ちを知り、布施、持戒を行じ、もろもろの善を修して他の人々と心を同じくして求道するがよい。家庭をもつ者は妻子に囲まれ、生業を営み、世間のことに多忙な時を過すために、貪愛と怒りと愚痴に苦しめられ、善根を破り清白の法を破ってゆく。在家の者が道に立ち道を進むことはまことに難事といわねばならない。在家の菩薩はまず、自らの家庭生活がもろもろの過悪の源であることを知るべきである。そしてその過悪を超えねばならない。過悪を超える道は布施と持戒を中心とするものであると龍樹は教えている。

金や物を出し惜しみするのを慳といい、貪り取ろうとするのを貪という。慳貪が在家の者の大きな過ちである。

「布施に何かの功徳があるのか、また慳貪にどのような過ちがあるのか」

「在家の菩薩は本当の智慧を得てこのように知ることができる。布施したものがわが物であり、家に在るものはわが物ではない。布施した物は堅牢で、もはやこわれることがないが、家にあるものはすぐこわれる。布施した物は菩提にいたる仏道の助道となるが、家に置いているものは魔道を助ける。布施をすることは煩悩を捨てることであるが、布施をしないで家に置けば煩悩を増す。布施は大人の行であり、家にとっておくのは小人のしわざである。布施は諸仏の称讃するところであるが、家にとどめておくのは愚痴の源となるだけである」

在家の者は自己の妻子をいとおしく思い愛着をもつのであるが、この妻子や肉親に対しては次のように思うがよい。

「妻も子もやがて滅び去って、夢、まぼろしのように消えてゆく。業によって今生きているが、業が尽きればすべて滅び去るのである」

「父母も妻子もその他の肉親眷属も、彼はわが所有ではない、我は彼の所有ではない、私は彼らを救う力をもたず、彼らも私を救う力を持たない。私は自らの業によって生き、業の尽きるとき死んでゆく、彼らはまた私の道心を失わせ、壊すものである。これに溺れてはならない」

「子は偏愛をおこしやすいものである。もし偏愛を自ら知ったならば子を縁として平等を行じ、普く諸の衆生に対する慈愛を考えなければならぬであろう。無始の生死の中で、人は六道をへめぐり、互いに父となり子となってきた。それゆえ、一切の衆生はかつてわが子であったことがあり、私もまたかつては彼の子であった。現在のわが子という存在にとらわれてこれを偏愛することは智慧のない愚かなことである」

このように在家の菩薩の最も戒めるべき点はわが物、わが妻子に貪着する心である。これを超える道は布施と持戒であることを銘記すべきであろう。

第十七章　入寺品

在家の菩薩は、もし僧たちがことをかまえて言い争い背きあって仏事をやめることがあるときには、力を尽してそのどちらにも片寄ることなく、財を尽し、言葉を尽して恭敬の心でねんごろに請い、和合を勧めなければならない。争いは物資の不足か、邪見の僧のためか、名聞利養のためかあるいは聴聞の者の不心得でおこるのである。在家の菩薩はその原因に応じ、あるいは供養あるいは説得をいたして、謙虚な心で正しい道にかえることを願い、仏事が絶えないようにつとめる。仏事を絶やさぬことは仏の法灯をともし三世十方の諸仏を供養する道である。

また在家の菩薩は毎月八日、十四日、十五日などの斎日に一日一夜の斎戒を行ずる。

「斎戒とは何か」

「八戒をうけることである。聖人は常に殺生を離れ武器を捨て、腹立ちの心を離れて、衆生を慈悲する。私はせめて一日一夜、殺生を離れ、刀や杖をすて、腹立ちの心を離れ、慚愧の心をもって衆生に対したい。このようにして聖人の道に随いたい。また聖

人は常に不与取を離れ浄行を行って、足るを知るという生活をなさっている。私はせめて今、一日一夜不与取を離れ、清浄自足の道を求めて聖人の道に随いたい。また聖人は常に淫を離れ世楽を断っておられるが、私はせめて今、一日一夜男女の交わりを断ち世楽をしりぞけて仏道を行じ、もって聖人の道に随ってゆきたい。このように、一日一夜妄語を離れ、真実の語、正直の語を語り、一日一夜酒を遠ざけ、一日一夜歌舞や音楽それに装身具を遠ざけたい。また一日一夜、高い広い寝床をやめて草をしとねとしたい。また一日一夜非時に食せず、聖人の道に従いたい。これを八戒という」

龍樹は在家の菩薩のために次のように説いて出家の僧に対する心構えを明かしている。「持戒の比丘に親近し」、「寺に入るときは威儀を正し恭敬礼拝して比丘に供養し」、「比丘の説法に従い、もし比丘に乏しいものがあれば資生の物を自分の力に応じて布施」すべきであると説いている。

在家の菩薩は仏法を護持するために身命を惜しまず精進するとともに、病気の比丘を助け、得るところの福徳を無上菩提のために志向すべきであるという龍樹の教えは深くわれらのいただくべきことであろう。

第十八章　共行品

龍樹は前章の終わりに、すでに在家の菩薩の行は説き終わったと言い、出家の菩薩の行については、第二地で説こうと言っている。しかし在家、出家の菩薩が共に行ずべき行については今説こうといって開かれたのがこの共行品である。

「在家と出家の菩薩が、共に行ずべき法とは何か」

「忍辱、法施、法忍、思惟、不曲法、尊重法、不障法、信解、修空、不貪嫉、随所説行、灯明施、伎楽施、乗施、正願、摂法、思量と利安衆生である。一切衆生に対し、平等心をもって、これらを行ずることが在家、出家ともに菩薩として行ずべき要法である」

次にこれらの内容について偈を説いている。

「忍を行ずると身は端厳になる。法施は宿命を知り、法忍は総持を得、思惟は智慧を獲る。諸法を曲げなければ常に正憶念を得るであろう」

「法を重んずると法は堅固になり、不障であると守護を得る。法を恭敬し法を説く人に供養し、法座を設け、禅房を建て、法に供養すると諸仏に値遇する因縁ができる。法を信解すると諸難を捨て離れる」

「修空は不放逸を生み、不貪は利を成すことができる。説に随うと煩悩を滅し、灯施は天眼を得る」

「楽施は天耳の報を得、乗施は神足、正願は土を清め、摂法は僧を具することができる」

「衆生を利益するゆえに一切の人に愛敬せられ、平等心であると最勝人となることができる」

偈に続いて、これらの内容を詳説しているのが共行品である。

「不障は守護を得る」というのは、もし人が法を説くときまた聴くとき、障碍しないならば仏道を成就するとき、諸天、世人共に法を守護してくれる。まだ仏道を得ないときも、常に諸仏の正法を護持してくれると言っている。

「修空不放逸」は原文は次のとおりであるが、よく意味を理解し得ない。

修有二種得修行修。修空力故信有為法皆是虚誑亦不住空諸法無定。是故当自摂検心不放逸。

第十九章　四法品

龍樹は共行品の終わりに、在家、出家の菩薩は共に仏の三十二大人相を分別了知すべきことを教え、阿毘曇三十二相品によって、一々の相を説いている。

この四法品では、このような仏の三十二相を得るための修行について述べられている。菩薩は仏の三十二相を得るために一心に修行を重ねる。仏の三十二相を得るということはつまり仏となること、換言すれば無限に進展する道に立つことであろう。この修行の根本は智慧を得ることにある。したがって智慧を失う四つの物柄（四法）から遠ざかり離れ、智慧を得る四法を修行せねばならぬ。そこでまず遠離すべき四法と修行すべき四法が説かれている。

智慧を失ってゆくのは、第一に教法及び教法を説く人を尊敬しないためであり、第二は、大切な教法を聞いておりながらこれを秘め隠して人に知らせることを惜しむこと、第三は、教法を楽しんで聞く人の邪魔をし、聞法の心を破壊する。第四に憍慢の心を抱いて人を軽蔑するためである。これが遠ざけなければならぬ四法である。智慧を得るためには、ちょうどこれと反対に、第一には法及び法を説く人を尊敬し、第二に法を他の人のために説いてあげ、しかも名聞利養を求めない。第三には多聞でよく智慧を得て精進につとめること。第四には法を聞いてよく忘れず受持しぬき、教えのとおりに実行することである。この四つの事柄を修めることが智慧を得る道である。

さらに善根を侵食する四つのものがあり、菩薩はこれらを遠離しなければならない。また善根を増長する四つのことがあり、菩薩はこれを修行するがよい。まず善根を侵食するのは、第一に心に憍慢を抱いて世間のことをむさぼり求めるにあり、第二に利養に執着して他家に出入りするにある。第三に他の菩薩を憎んだり嫉んだりする。第四に新しく聞く教えを信受できないということにある。これに対して善根を増長するのは、第一にいまだ聞いたことのない教えを求め聞こうとする心。二、衆生に対し、慢心を離れ謙虚な態度で接する。三、正しい道で財を得て足るを知り、生活のために手段を選ばないというような行き方をしない。四には他の人が罪を犯したときそれをあげつらってその間違いをあばかない。またもし教法の中でよく心にわかりかねるところがあったときは、それに反撥したり捨てたりしないで仏の心が領解できるまで考える。仏は一切智であり、教法ははかりないものであるから、私の知の及ばないことが説いてあるに違いないと考える。このようなものが菩薩の善根を増す道である。

次に、諂曲《てんごく》の四法があり、直心の四法がある。在家の菩薩、出家の菩薩ともに諂曲の四法を離れなければならない。ちょうど曲りくねった木は、もしこれが繁った林の中にあると外にもち出すことができないように、諂曲の人はたとい仏弟子となって仏法に入っても迷いの林を出ることができない。その四とは、第一に仏法に疑いをもち信がなく決定心のないこと、第二は人々に対し憍慢心と怒り腹立ちの心をもち、第三に他の人が利を得ると心に嫉妬心と羨望をおこす。第四には菩薩を誹謗して悪い評判を流す。この四を心のねじけた諂曲の四法という。

直心の四法とは、第一には自分に過ちがあるとすぐに言い出して隠さず、罪を悔い正道を進む、第二にもし事実をいえば地位や財宝を失うような場合でも嘘をいわない。第三に他の人が悪口罵言し、軽蔑し、叩きかかったり盗んだりしても自己の宿業として受けとめて恨みに思わない。第四に信の功徳に安住して、甚だ信解しがたいものがあっても、心が清浄であるためよく信受することができる。これを直心の四法という。

敗壊の菩薩は諂曲の四法を行じ、真の菩薩は直心の四法を行ずる。敗壊の菩薩の法というのは四法あり、第一は仏法を聞くことは多いが、うわ調子で教法のごとくに実行しない。第二に教化をうけるとき説法の内容について議論をふきかけ、指導者を尊敬せずこれに従わない。第三に人の信施をうける力がなく、また従来の規則を破って、うけてはならない供養をうける。第四にやさしく善良な菩薩を尊敬せず心に憍慢をいだく、これが敗壊の菩薩の行である。真の菩薩の行は第一に常に楽しんで未聞の教法を聞き、聞いてよく教法のごとく行じ、その本義の通り実行する。第二に教えの意味をよく知り、それに従って言辞にとらわれず、師に仕えて心を尽す、第三に戒律を保ち、心の平和を保って正しい生業を営む、第四に真に菩薩道を進む人に対し恭敬心をもち、随順してその功徳を得たいと思う。これが真の菩薩行である。

また形だけで本当は菩薩でない像菩薩の行がある。それは第一に利養を貪り教法を尊重せず、第二にただ名誉を求めて功徳を求めず、第三に自楽を満たそうとするばかりで衆生を思わない、第四に自分の眷属を引き寄せ楽しんで遠離を楽しまない。この四法が像菩薩の法である。

「このような形だけの菩薩で過ごすことは残念だ。どうしたらそのようなところを離れることができるか」

「それは菩薩の初心にかえり、最初の行を行ずることが道である。四あり、一つは信解空法、また信業果報、二には無我法を楽しみ、一切の衆生に対して大悲心をおこす、三には心は涅槃に在り行は生死にあり、四には布施をして果報を求めない」

「そのような菩薩の初行の四功徳を増長するにはどうしたらよいか」

「善知識に親しみ近づき、悪知識を遠ざけることだ」

「善知識とは何か」

「四種の善知識がある。一つは求道者を尊敬しこれをわが友として遇する人、このような人が私の無上道成就を助けてくれる。二つには、説法者を尊敬する人、このような人がよく私の多聞の智慧を助成してくれる。三には、出家を称讃する人、この人が私の一切善根を助長してくれる。四には、仏世尊、仏は一切仏法を成就する尊いお方であるから」

「悪知識とは何か」

「利他を楽しまず、二乗の天地に籠っている辟支仏が悪知識である。また自分の心の安定だけを楽しんでいる声聞、外教を好み文章や歌や議論を好む人、また親近する人に仏法の功徳を与えず、世間の利益だけを与える人、これを悪知識という」

善知識に親しみ近づく者は、仏に遇うことを得て菩提心を捨てることなく、憍慢を離れ衆生に対し大悲心を生ずる。

以上述べたところは、菩薩の行において遠離すべきものと修行すべきものとの説明である。これを要約すれば遠離すべきものは憍慢と名利と懈怠であり、修行すべきは謙虚と精進と大悲である。しかし、これらをあるいは遠離し、あるいは修行するためには、具体的には、善知識にあい、悪知識を離れることが肝要であり、問題はここに帰着する。善知識にあうことによって、仏に値遇し、仏によって菩提心をふるいおこされる。こうして菩薩は、遠離と修行を積み重ね、真の菩薩行に立つことを得るのである。

以上の四法品の内容は、さきの調伏心品及び阿惟越致相品の内容とほとんど同一である。

調伏心品は、発心の七因縁のうち、あとの四つの因縁では菩提心が成就しない理由を述べるもので、この四因縁は発心の根本が微弱であるため二十の失菩提心法がおこり、発心が続かないことを明らかにしている。阿惟越致相品にはこの菩提心を失った菩薩が外形だけの求道者となった敗壊の姿が説かれている。これらの両品の失菩提心法や敗壊の菩薩の姿はこの四法品の内容とほとんど同じであるが、龍樹はなぜこのように繰り返しこれらを述べるのであろうか。

考えると、さきの調伏心品と阿惟越致相品に表われる憍慢と懈怠の敗壊の姿は、仏道を求めて、しかもこれを得ることができず、まだ易行の大道に立つことのできない時の行者の実際の生活内容であろう。行きつ戻りつ、何度改めようとしても失敗し、自分ではこれではいけないと思いながら、しかもどうすることもできず悪戦苦闘している状態であろう。この状態は求道者がひとたび仏の大道に立てばもはやなくなってしまうのかというと決してそうではない。やはり菩薩の心の内面の事実として憍慢と懈怠と名利は、つきまとって離れぬものである。この三者は大道に立つ以前は、彼の求道を妨げて菩提心を失わせて彼を敗壊に追いこむものであったが、今はしかしこれらの悪法は、彼を悪に引き戻すのではなく、道心によって照らし出され見出されるものとなり、内観凝視、自己の実態にめざめさせ道に立たせる根本となってくるのである。悪道はかえって「善知識に親近して、仏に遇うことを得、菩提心を失せず」という因縁を与えてくれるものとなる。こうして、以前は私を敗壊に陥れたものが今は、私を道に立たせる縁となる。ここに大きな転回があり、仏道の成立した具体相がある。このことを明らかにすることが龍樹の願いではなかろうか。

このようにしてかつては彼を退転させ、道から引きずりおろした失菩提心法の一つ一つが、今は内観凝視すべき対象、離れ得ぬ自己の実体であることを深知してゆくところに、自然にこれらを遠離し超越して仏の正道を歩む菩薩の盛容が展開される。ここまで来ると彼を退失させるものはもはや何ものもない。これを不退の菩薩といわれるのであろう。

ところで菩薩がこのような進展をとげ得るのはつづまるところ親近善知識のゆえである。『十住毘婆沙論』ではこの親近善知識を諸所に多く説かれている。後の助念仏三昧品第二十五においても、新しく道に出発した菩薩が仏の十号を称名して、般舟三昧（諸仏現前三昧つまり念仏三昧）を得ることを明かす中で次のように述べている。

「この新発意《しんぽっち》の菩薩が〈中略〉まだこの国から彼の国へ飛行（自在）できない時でも、この三昧力をもっているので、この国土に住して他方諸仏世尊を見たてまつり、所説の法を聞くことができる。常にこの三昧を修習するためである」

「このような尊い三昧を、どのようにして得ることができるのか」

「善知識に親近するため。精進し善知識に親近して、智慧甚だ堅牢で、信力が妄動しなくなるためである」

念仏三昧を得る根源もまた親近善知識にある。親近は同時に恭敬であり、供養であるから、これらを思い合わせると、道に立つ者と道に立たぬ者との相違点、不退転の菩薩と退転の人との相違点は、親近し恭敬し供養する善知識をもつか否かにあることを知るであろう。ここに初地の重要な要点がある。

「菩薩はそれから何をするのか」

「世間の利と出世間の利を求める」

「世間の利とは何か」

「世間の書物、技術、芸能、その他医術などだ」

「出世間の利とは何か」

「無漏の諸根や覚りの法だ」

「何故、世間の利と出世間の利とを求めるのか」

「菩薩は自己にとらわれる心を離れ、法施を行じ財施を行じて、衆生を利益しようと思うからだ」

菩薩は衆生を利益するために勉強を始める。一般社会の書物、芸能、医術、技術、礼法、法律などを、疲れもおぼえずよく学習して深く理解し、世間法に通ずるようになり、上中下のさまざまな人々の心をよく知るようになる。このようになって初めて、その人その人に応じた適宜な指導をすることができるようになる。このとき大切なことは慚愧の心をもつことである。

「何故このように君はねんごろに世間のことを知ることを教えるのか」

「菩薩が世間のことを知っていると衆生と懇意になることができる。懇意になって初めてその心を導いて大乗に住せしめることができる。もし世間のことを知らなければ、実際には一人の人も教化することはできない。世間のことを知るということが、衆生を教化するために必要な道である。菩薩はよく世間を知り慚愧の心を具足している。それ故、悪人に対しても謙虚な心でこれに接することができ、愚かな人に対してもこれを軽視しない。そして人々に対する教化のため努力する。菩薩はただ仏法の中で退転しないだけでなく、世間のことの中でも退転しないのである」

「どういうわけで世間の中で退転しないでやってゆけるのか」

「堪忍力を得るからである。堪忍力を以て、諸仏を供養し、また諸仏の教えに従う、堪忍力が根本である」

「なぜ堪忍力があるのか」

「信心があるからだ。信があるから衆生に対し慈悲の心をもつようになる。この慈悲の心は布施の心となり、また種々の苦労にたえて衆生にはたらきかける堪忍力となる」

信が菩薩道の根本である。この信は、仏法の因縁の中で聞法により決定心を得ることによっておこる。信は清浄真実のまごころであり、めざめの心であり、また決定心である。

この信が慈悲となり布施となり、堪忍力となり、また世間法を勉学してそれに通達する力となる。また仏教を深く理解する智慧となり、仏の説きたもう世界に住する原動力となる。このようにして自利利他の道を展開し、われも人も共に供養諸仏の世界にあらしめるところに菩薩道がある。これが初地の浄化であると龍樹は結んでいる。

第二十章　念仏品

念仏とは、仏を念ずることである。この念仏品は次の文で始まる。

菩薩は、初地を究竟して、その地を極めると、自らの善根力をもってよく多くの諸仏菩薩を見ることができるようになる。煩悩の心を調伏し深く仏道を愛すること、教えのごとくして、初地の行が具足し究竟すると、十方に現在したもう諸仏が、みな目前にましますのを見るのである。見仏ということは仏道の成就を意味している。

しかしまだ初地を極めない新発意の菩薩は、自らの善根力では諸仏を見る力がない。この新発意の菩薩が諸仏を見る方法を明らかにするところからこの章は始まる。

次に問答が述べられている。

「自分の善根功徳の力によるのでなくて、他の方法で諸仏を見ることはできないのか」

「『般舟三昧経』に、仏は跋陀婆羅のために般舟三昧を説いている。跋陀婆羅は在家の菩薩で、般舟三昧とは見諸仏現前三昧をいう。菩薩がこれを得れば大宝三昧を得たといえる。また天眼を得ずとも十方諸仏を見、天耳を得ずとも諸仏の説法を聞くことができる」

「般舟三昧はどのような方法で得られるのか」

「諸仏が大衆のなかにあって恭敬せられ、三十二相・八十種好を具してその身を荘厳したもう姿を念ずるがよい」

続いて龍樹は次のように述べている。

行者はこの三昧をもって、諸仏が三十二相・八十種好でその身を荘厳し、比丘に親近され、諸天に供養され、諸の大衆に恭敬供養せられている姿を念ずることができる。そして専心、専念、諸仏の姿をとらえる。

また、諸仏が大願をもって、大悲を成就して断絶せず、大慈を具足して深く衆生を安んじ、大慈を行じて一切の願を満たし、捨処を行じて、愛憎の心を捨て離れ、衆生を捨てず、慈悲喜捨の四無量心を成就しようとしている大願を念ずる。

諸仏は諦処を行じ常に欺誑せず、捨処を行じて、三垢を浄除し、滅処を行じて、その心、善寂となり、慧処を行じて大智慧を得て、四功徳処を成就しようとする。また、六波羅蜜を行じて、諸の障碍を破ろうとしている。これらの仏願を念ずる。これらの諸仏が三十二相を具足してその身を荘厳しているのである。

【検討】

1、この章のはじめの文章は難解である。「行者はこの三昧をもって諸仏を念ずる」というところが理解しがたい。文の流れとしては、般舟三昧を得れば見仏が可能である。この三昧は般舟三昧によって「念諸仏」を行じて得られる。したがって次は、その念諸仏とはいかなることかということが、『般舟三昧経』から述べられるはずであるのに、いきなり「行者この三昧をもって仏を念ずる」となっているので理解しがたい。

そこで、この際「仏を念ずる」ということと「般舟三昧」とを整理してみる。今までの章で「仏を念ずる」が出ているのは、地相品と易行品であり、「般舟三昧」が出ているのは入初地品である。

一、「仏を念ずる」は、地相品では初地の菩薩に歓喜が多い理由として、念諸仏、念諸仏大法、念必定菩薩、及び念第一希有行があげられているところにある。

その「念仏」等は、易行品において弥陀の本願として「念我、称名、自帰」が願われている。その「念我」が衆生の上に成就して生まれるもので、念仏の「仏」は弥陀をいう。念仏は念弥陀仏である。

この易行品の「念我」（われを念ぜよ）の弥陀の本願のゆえに、初地の菩薩に、地相品のこの「念仏」が生まれているのである。この「念諸仏」は「念弥陀仏」から生まれるものである。

二、「般舟三昧」は、入初地品において、必定の菩薩が仏力を得て如来の家に生まれる。

その如来の家として「般舟三昧及び大悲を諸仏の家となす」とあって、初地に生まれるとは、般舟三昧と大悲を父母とする如来の家に誕生すると述べられている。

以上のように、「念仏」も「般舟三昧」も、初地の菩薩において、成就されているといわねばならない。ただ、初地の段階では、まだ煩悩の残滓がたくさん残っているからこの三昧が十分に成立しているとは言い難い。特に新しい初地の菩薩のときはそうである。

以上のように整理すると、まず弥陀仏の本願を憶念する「念我」が弥陀の本願によってわれらの上に生まれて「念仏」となる。そこに般舟三昧が成立することになる。したがって念仏によって般舟三昧を得るのである。その般舟三昧をもって諸仏を念ずるようになる。

このように上記の文を理解すれば、「行者この三昧を得て仏を念ずる」という意味が理解できる。

2、『国訳一切経』では、さきの文を次のように読んでいる。

行者是の三昧をもて諸仏を念ぜば、三十二相八十種好其身を荘厳し、比丘親近し、諸天供養し、諸の大衆の為に恭敬し囲繞し供養せらる。専心に憶念せば諸仏の相を取る。また諸仏の是の大願を念ぜば、大悲を成就して断絶せず。（『国訳一切経　釈経論部七』「十住毘婆沙論」、矢吹慶輝訳、一七一頁）

この訓《よ》みは、念仏によって、三十二相八十種好が菩薩の身につき、以下の功徳が菩薩において成就するという訓み方になっている。しかし念仏によってこのようなことが、新発意の菩薩において、直ちに成就するとは考えられない。私は前出のとおり訳した。なお原文は次のとおりである。

行者以是三昧念諸仏、三十二相八十種好荘厳其身、比丘親近、諸天供養、為諸大衆恭敬囲繞供養、専心憶念取諸仏相。又念諸仏是大願者、成就大悲不断絶。

3、現存の『般舟三昧経』三巻をみると、巻上の行品に般舟三昧を得る行法を明かしている。

西方須摩堤国に阿弥陀仏ましまし、衆菩薩に囲繞せられて説法すと聞き、乃ち持戒完具し、独り一処に止りて、一心に阿弥陀仏を念じ、一日乃至七日を経てかの仏を見ることを得る。

この三事が般舟三昧を得る方法とされている。

この経と上述の論とを比べると次の点が異なっていることがわかる。

一、『般舟三昧経』では仏を念ずるとは弥陀仏を念ずることであるが、論では弥陀でなく「諸仏を念ずる」となっている。

二、論では念ずる内容として三十二相・八十種好を詳しく述べて戒行には触れていないが、経では念ずる前に戒行を行ずることを詳説している。

三、『般舟三昧経』(一巻)では弥陀を念ずる一法として弥陀の名号を念ずるということをあげているが、論はここでは触れていない。後の助念仏三昧品においてだされている。

四、経（三巻）では、この三昧を得ることは、「この三昧は仏力の所成」といい、仏力が述べられているが、論ではこれに触れていない。

まず、これら諸点について考える。龍樹は、明らかに『般舟三昧経』の弥陀仏を本論では諸仏といっている。それゆえ『十住毘婆沙論』では、諸仏は弥陀を表わすし、弥陀は諸仏ととるべきことがわかる。

易行品では、弥陀の本願を詳しく述べているが、これは『無量寿経』によっている。しかしこの念仏品では『般舟三昧経』により、念仏によって般舟三昧が成立することを明らかにしている。

4、これらの点から考え、この章のさきの問答は次のように解すればよく理解される。

「この三昧は何の道をもって得られるか」

「弥陀を念じて得られる。念仏によって得られたこの三昧をもって諸仏が三十二相・八十種好を具足している姿を念ずる」

この仏の相を念ずることから出発して、ついに「仏を見る」にいたることを論じているのが念仏品以下の諸章（四十不共法品第二十一、同難一切智人品第二十二、同善知不定品第二十三、讃偈品第二十四、助念仏三昧品第二十五）である。したがって龍樹は、般舟三昧、すなわち諸仏現前三昧、すなわち見仏三昧が、初地を究竟せずとも、念仏によって成就することを念仏品以下の章で明らかにしようとしているのである。

念仏品には続いて、仏の三十二相のはたらきを述べこれを念ずることを教えている。仏の三十二相はさきの共行品で示されているが、今章では次のように述べている。

手足輪相はよく法輪を転じ、足安立相は諸法に安住する。手足柔軟相は柔和の法を説く、紺青眼相は慈心をもて衆生を視る。(以上抄出)

諸仏はこのように威力が猛盛で、慧でもって説法し、精進力で諸の痴闇を破し大光明で普く天地を照らす。

これ世間の尊、これ世間の父、これ世間の主である。これ善来、善去、善意、善寂、善滅、善解脱の者でおわしまし、無量無辺十方恒河沙等の世間の中に在って住したもうこと現在前の菩薩のようである。

次に「まさに八十種好を以て諸仏を念観すべし」という。

八十種好はまた、八十随形好ともいい、三十二相をさらに細別したもので、八十種となり、三十二相に随う好相を表わす。

種々の異名があるが、一般的には次のようにいわれている。

(1)無見頂相　(2)鼻高くして孔が顕現しない　(3)眉が初月のようである　(4)耳輪垂埵す　(5)身堅実で那羅延のよう　(6)骨際鉤鎖のよう　(7)身が一時に廻ること象王のよう　(8)行くとき足地を去ることが四寸で印文が現われる

(9) 爪は赤銅色で薄く潤沢 (10) 腺骨堅く円好 (11) 身清潔 (12) 身柔軟 (13) 身曲まず (14) 指円くして繊細 (以下略)

八十種好をもって仏を念ずるというのは、たとえば次のようなことをいう。

身相具足するは法を具足するなり。足歩の間等しきは等心衆生なり、その身浄潔なるは三業清浄なり、身縮没せざるは心常に没せず、腹高く出でざるは 慢の心を破る。舌柔かにして軟なるはまず軟語を以て衆生を度脱す。髪、散乱せざるは言常に乱れず、髪、潤にして沢なるは常に麁言なし。

菩薩はこのように、諸仏が大衆の処に在して正法を講説し、師子座に座したもうことを念ずべきである。

次に師子座について述べ、一切の大衆が深心に慚愧して仏を敬愛し、皆共に一心に仏の所説を聴き、受持し、思惟し、所説の如く行じ、専心に聴受している姿を念ずる。

仏は大衆の間に在って説法し、言は疾くなく又遅緩しない。法が具足してよく衆生の所願を満たす。

始めに名字を以て教え、後に義を知らせ、歓喜を生じさせる。喜より願を生じ、願より定を生じ、定より如実智を生じ、如実智より厭離を生じ厭離より煩悩を滅し、解脱を得しめる。よく衆生を十地に至らしめる。これを一切第一利益諸功徳蔵とする。

このように、まさしく心に諸仏を憶念し、閑静の処に在って貪欲、瞋恚、睡眠、疑

悔、調戯を除却し、一心専念に障碍失定の心を生じない、このような心を以て専ら諸仏を念ずる。

といっている。龍樹はさらに長い偈をもって諸仏の三十二相と八十種好を讃嘆し、最後に「もし人が三十二相・八十種好を念じて仏身を讃嘆しないならば、これによって長く今世後世利楽の因縁を失うであろう」と誡め、念仏品を結んでいる。

第二十一章　四十不共法品

龍樹は、念仏品に続いて四十不共法品を述べるに当って、まず次のようにいっている。

菩薩は上述のように、三十二相・八十種好をもって仏を念じたが、これは仏の色身を念じたのである。次には四十不共法をもって仏の功徳のはたらきを念ずるがよい。諸仏は法身であってただ生身のみでないから。

仏には色身と法身がある。色身はいわば肉身であるが、法身ははたらきをいう。

諸仏には無量のはたらきがあるが、他の存在とまったく異なったものが四十ある。これを四十不共法という。この四十不共法を念ずると歓喜を得る。仏は色身のみではない。仏は法身である。経に説くとおりである。

汝ただ色身だけで仏を観てはならない。当に法をもって観ずべきである。

法身とは、真実無為法身ともいい、われら人間の認識を超えたはたらきをいう。しかし、それは超神秘的なものではない。仏の色身をとおして、その背後に感得されるものである。さらに正確にいえば、信が成就するとき、信において感じとられる大いなるもののはたらきを法身という。

龍樹はまずはじめに四十不共法の名を次のようにあげ、次にそれを詳説している。

一、飛行自在　二、変化無量　三、聖如意無辺　四、聞声自在　五、無量智力知他心　六、心得自在　七、常在安慧処　八、常不妄誤　九、得金剛三昧力　十、善知不定事　十一、善知無色定事　十二、具足通達諸永滅事　十三、善知心不相応無色法　十四、大勢波羅蜜　十五、無碍波羅蜜　十六、一切問答及受記具足答波羅蜜　十七、具足三転説法　十八、所説不空　十九、所説無謬説　二十、無能害者　二十一、諸賢聖中大将　二十五、四不守護　二十九、四無所畏　三十九、仏十種力　四十、無碍解脱

一、飛行自在　仏は如意自在であり、如意満足して、速疾無量無碍、一念の間に百千の国土を過ぎ、いたらない所がないことをいう。具体的には過十万億土にある弥陀が、われらの念ずる世界に直ちに現われ、価値的にまったく懸絶した功徳の仏が、無価値のわれらの上にいつでもいたり届くはたらきをいうのであろう。

二、変化無量　仏は一念の間に無量無辺に変化したもう。種々の色、種々の形、種々のことに随意自在に変化して種々の仏事をなしたもう。

四、聞声自在　仏はたとい百千万無量の音楽が鳴り響き、無量百千万億の人々が同時に発言しようとも、その中の一人一人の声を随意に聞きたもう。仏は無量無辺の世界の彼方のどんなにかぼそい小さな声をも聞きたもう。

五、他心を知る無量自在力　仏は無量無辺の世界の衆生の心を悉く知りたもう。仏は神力をもって、衆生の垢心、浄心、種々の心を悉く知りたもう。

七、仏は常に慧に安ず　仏は智慧に安んじ、常に念動かず。一切煩悩を断ずるがゆえに、悪魔が七年間昼も夜も休まず常に仏に随い追いまわっても、とうとう仏の短所を見つけることができず、仏が慧に安んじていない時を見出せなかったという。

九、金剛三昧　これは仏の不共法で、一切処において障碍あることなく、正遍知を得て、一切法の障碍を壊し、諸の功徳利益を得しめ、諸の禅定のうち最上である。仏は無量無辺の善根力を成就してこの金剛三昧に住する。

以上略述したが、これをみると、仏は法身であるから、功徳のはたらきをもち、随意自在に衆生のところにいたり届き、どんな形をもとり、いかなる小さな声をも聞き、人々の心の所在を知り、仏智円満つねに金剛不壊三昧である。

ここに念仏とは色身の仏を念ずるのみでなく、法身の仏のはたらきを感得し、その大きな徳をいただいてゆくことであることがわかってくる。われらは念仏をとおして、われらのいかなる心をも知りたまい、いかに小さな囁きも聞きたまい、一切の障碍を越えて常にわれと共にありたもう法身の徳を仰ぐのである。

龍樹は四十不共法のはじめの四徳については、地相品において「諸仏の大法を念ず」という中においてすでに述べており、他については後に広説すべしといっている。この章がその広説である。

第二十二章　四十不共法中難一切智人品

前章の四十不共法品では、第一法の飛行自在から第九法の金剛三昧までが説かれており、この金剛三昧はあらゆる三昧の中で最もすぐれたもので、一切智人すなわち仏のみがもつものであると述べられている。この一切智人ということに対する非難からこの章は始まっている。

「君は金剛三昧はただ一切智人のみにあるというが、一切智人という者が存在するはずがない。なぜならば、仏法では韋陀（引用者註・ヴェーダ）などの経典は用いない、仏がもし一切智人ならば、この経典を知っていてこれを用いるはずだ。

また、仏は婆羅門の聚落に乞食に入ったが何も得られずに空しく出てきたことがある。これはその時、魔が人の心を転じたのを予知できなかったからだ。未来を知ることができない者は一切智人ではない。

また、阿闍世王が仏を殺そうとして酔象を放ったのに、仏は知らずに王舎城に入って乞食した、もし予め知っていれば、城に入らなかったはずだ」

この非難に対して龍樹は次のように答えている。

「仏は一切智人である。韋陀の中には寂滅の法がない。ただ戯論のみである。仏は韋陀等の経を知っておられるがこの経は人の煩悩を寂滅解脱させることができないから、説かれないのである。

また、仏が婆羅門の聚落に入って乞食されたとき、何も得ずに出られたのは一切智人でないからだと君は言うが、そうではない。仏は魔が人の心をかえてしまったのを知っておられた。しかし仏は清浄真実の心で人々を和顔瞻視し、人々に大利を与えようとして聚落の中に入ってゆかれたのだ。

また、酔象のことも御存知であった。しかしこの酔象を助けようとして王舎城に赴かれた。酔象は身は山のようであったが、仏を害せず、頭を垂れて仏を礼拝した。人々は仏に対しみな恭敬の心を起こした、このような因縁のため行かれたのである。仏は一切智人であり、一切智人だけが金剛三昧に住するのだ」

第二十三章　四十不共法中善知不定品

この章では、仏の四十不共法の中の第十法以下について述べている。

ここではそのうち第三十九法の仏の十力について述べる。龍樹は、十力の名があるが、実にあるのはただ一つ、智慧であるといっている。十事に縁《よ》って現われるがゆえに名づけて十力という。仏智は一切事を縁とするから無量力というべきであるが、この十力をもって衆生を度すれば充分であるゆえ十力という。

初力とは決定通達智をいう。

第二力とは過去、現在、未来の物柄が諸の業を受けるに、仏は如実に分別してその所を知り、そのことを知り、その果報を知りたもう。

第三力とは、禅定解脱三昧において如実に知りたもう。

第四力とは、仏は凡夫や賢聖のうち、下は闇鈍で仏道を受けるに堪えない人から、上は利根で、道を得る人にいたるまで如実に知り誤たず。

第五力とは、いろいろの人が心に楽しみ願う所を如実に知りたもう。

第六力とは、ある人は財産や金、世間の楽を願い、ある人は福徳善法を貴び重んずる。このことを仏は如実に知り、世間に種々無量の性あるを知りたもう。

第七力とは、雑性万端、すべて先世より来り性となる。善悪の性を如来は如実に知りたもう。

第八力とは、一切の道に到る者は一切の功徳を得る。八聖道分がこれである。仏は諸の煩悩を除き、諸の障碍を滅して、堪え動転せず、この徳を廻向し宿命を知る。宿命を知るを第八力という。

第九力とは、六道の衆生みな業に随って身を受けるを見る。これをいう。

第十力とは、仏は一切漏尽、諸煩悩及び習気すべて尽きた所を第十力という。

次に第四十法の無碍解脱とは、解脱に三あり、一には煩悩障解脱、二には禅定障解脱、三には一切法障解脱である。

慧解脱の阿羅漢は煩悩障を離れて解脱を得、解脱阿羅漢と辟支仏は共に煩悩障と禅定障を離れて解脱を得る。ただ仏のみが三解脱を具足し煩悩障解脱、禅定障解脱、一切法障解脱のすべてを得る。このため仏を無碍解脱という。

以上をもって四十不共法を解き終わり次のように述べる。

この四十不共法は、略して仏の法門を開いて人々にわからせるようにしたものである。まだ説いていないものが無量無辺にある。たとえば、「一には常に慧を離れず、二には時を知り失せず、三に一切の習気を滅し、四には定波羅蜜を得、五には一切の功徳に殊勝である。〈中略〉二十八には無量光明〈中略〉四十四には、力よく一切衆生を救度す」など、仏の不共法はこのように無量無数あるが、広説できない。諸仏にこのように無量無辺の功徳があるのはなぜかといえば、仏は無数劫に四功徳処に安住し、深く六波羅蜜を行じ、よく菩薩一切所行の法を具足して、一切衆生と同じでないがゆえに、果報もまた同じでないのである。

翻って法身の仏とは何であろうか。仏は無量無辺の功徳をもち、四功徳処、六波羅蜜、一切菩薩の所行の法具足等といわれるのは、仏は衆生とまったく異なったもの、すなわち如より来生する如来であることを示しているものであろう。

すでに繰り返すように、諸仏の根本は弥陀であり、弥陀から生まれるものが諸仏である。われらに具体的なものは諸仏であり、その代表が釈迦仏である。その姿を念ずることが仏の色身を念ずることであった。今その法身を念ずるということは、色身をもった諸仏の背後にあって、諸仏を諸仏たらしめた弥陀の徳を法身という、その徳を念ずることにほかならない。弥陀こそは如より来生する本願の如来であり、諸仏はその徳に生きるものである。したがって色身の仏からさらに法身の仏を念ずるというのは、具体的には諸仏から弥陀の徳を念ずるということであろう。色身の仏を思うところから出発して、法徳を念ずるようになって、次第に念仏のはたらきが深まってゆくことを知らされる。

第二十四章　讃偈品

讃偈品のはじめに龍樹は次のように述べている。

すでにこのように四十不共法を説き終えた。まさにこの四十不共法の相を知って、念仏すべきである。また、偈をもって仏を讃嘆しよう。現に仏が面前にましまして、対面し共に語るように偈を説こう。こうすれば念仏三昧を成就することができる。

こうして次に長い偈を説いている。

偈の内容は、はじめ仏の四十不共法を讃嘆し、次に三十二相・八十種好の徳相を嘆じ、仏は無数劫中に難行を行じて、四功徳処を成じ、無数劫に希有の布施を衆生のために行じて、無上道に立たしめ、智慧成満して、一切衆生のために大悲を行じたもう。このような讃嘆の偈を述べている。

第二十五章　助念仏三昧品

この章は次の偈で始まる。

菩薩はまさにこの四十不共法をもって諸仏の法身を念ずべきである。仏は色身でないから。

続いて次のようにいう。この偈の次第は四十不共法六品の義を略解したものである。

行者はまず色身の仏を念じ、次に法身の仏を念ずる。なぜかといえば新発意の菩薩は、さきに説くとおり、まさに三十二相・八十種好をもって仏を念じ、心、転じて深くなり、中勢力を得る。まさに法身を念じ、心さらに転じて深まり、上勢力を得る。そしてさらに実相をもって仏を念じ、一箇所に貪著しないようにする。

以上の文は、念仏品以下この助念仏三昧品までの六品は念仏について述べたもので、色身の三十二相・八十種好の仏から、法身の仏、続いて実相身の仏を念ずることを教えたものであることを、言っている。

なぜにこのように「仏を念ずる」のかといえば、念仏品のはじめに述べられていたように、「いまだ初地を究竟しない」、「新発意の菩薩」が、見仏の道を問うたその問いに答えたものである。見仏といえば仏道成就を意味する。その道が「念仏」である。念仏によって般舟三昧を得る。般舟三昧が見仏三昧である。般舟三昧を得るすぐれた念仏が「実相仏を念ずる」ことである。こうして得られる般舟三昧が真仏を見る道であり、仏道成就の道である。新発意の菩薩に、その道を成就させようとしてこの六品が説かれている。念仏がその根本である。

龍樹は次に偈をもっていう。

色身に染著せず、法身にもまた著せず、
よく一切法を知り、永く寂して虚空の如し。

この偈の意味を次のように述べている。

この菩薩は上勢力を得て、色身法身をもって深く仏に貪著しない。なぜかといえば信楽空法の故に、諸法虚空の如しと知る故である。この菩薩は、新発意の故にいまだ天眼を得ず、他方世界の仏を念ずるには障碍がある。それ故まさに十号の妙相をもって念仏すべきである。

新発意の菩薩、十号の妙相をもって、
念仏するに毀失なし、猶し鏡中の像の如し。

十号の妙相とは如来の十号で「如来、応供、等正覚、明行足、善逝、世間解、無上士、調御丈夫、天人師、仏、世尊」をいう。

龍樹はこれについて次のようにいっている。

この人、名号に縁《よ》るをもって禅法増長し、則ちよく相を縁ず、この人その時、禅法において相を得、身、殊異快楽を得る。まさに知るべし、般舟三昧を成ずるが故に諸仏を見る。

十号は、それぞれ仏の功徳を表わすが、その中心は如来であろう。如より来生する。それはひとえに生死流転の衆生のためである。衆生がいなければ、如は如なるものすなわち真如実相としてとどまり、如来する必要がない。如より来生するとは、衆生を「助けんと思しめしたちける本願」のためである。

この如来という名号を縁として静心思慮するとき、思惟よく進み深まり、仏の実相に触れる。そのとき静心思慮きわまって、身に喜びを得て、般舟三昧を成就し、三昧成就によって諸仏を見るのである。このゆえに、この新発意菩薩は、いまだ神通や天眼天耳を得ていないけれども、この般舟三昧のゆえに他方諸仏世尊を見ることができ、その説法を聞くことができる。そして常にこの三昧を修習して十方真実の諸仏を見ることができる。ここに初地を究竟せずとも仏道成就する道が開かれている。

このようにして、さきの念仏品以来の問題がここに完了し解決したということができる。新発意の菩薩とはわれらである。われらが仏道成就する道は、名号によることが教えられている。またこの章の題名から考えると、般舟三昧とは念仏三昧であることがわかる。

次に龍樹は問答する。

ここからが題名の「助念仏三昧品」である。

「このような三昧はどのような法によって生まれ、どのようにして得られるか」

「善知識に親近し、精進して懈怠なく、智慧堅牢で、信力妄動せず、この四法を以てよくこの三昧を生ずる」

また次に、法を説く人に対し、「慚愧と恭敬と愛楽と供養を捧げること仏のようにする」という四法を述べ、さらに二つの四法を述べている。

次に五法ありといって二つの五法を述べているが、その第二は次のとおりである。

一には布施を楽しみ、慳心あることなし、二には忍辱柔和、歓喜に住し、悪口、罵言、鞭捶、縛等を受けるも、すべて業縁として受け止め、他人を瞋恚せず、三には常に楽しみ、この三昧を聴き、読誦して理に通じ、人のため解説して流布せしめ、増広し勤業修習す、四には嫉妬せず自ら高ぶらず、人をみさげず、睡眠蓋を除く、五には仏法僧の三宝に対し信心清浄で、上座の者にも下座の者にも深心に供奉し、他の人の小恩も常に忘れず、常に真実を語る。

以上の四法、五法は『般舟三昧経』上巻四事品第三によったものであろう。

さらに龍樹は、この般舟三昧を修習するのに、出家の菩薩と在家の菩薩において差違があることを指摘している。

もし在家の菩薩がこの三昧を修習しようとすると、次の二十の功徳に住することが求められる。一には信心を深め、二には果報を求めず、三には一切内外の物を捨し、四には三宝に帰命し、五には五戒を保ち、六には十善道を具足して行じ、また人をして行ぜしめ、七には婬欲を断じ、八には五欲を避け、九には嫉妬せず、十には妻子に愛着を生ぜず、十一には常に出家を願い、十二には常に斎戒を受け、十三には心、寺廟に住することを楽しみ、十四に慚愧、十五に浄戒の比丘を恭敬し、十六に法をおしまず、十七に法を説く人を敬愛し、十八に法を説く人に父母、大師の想をなし、十九に、説法者に敬心をもって供養し、二十に、知恩報徳する。

在家の行者が念仏三昧を進展しようとすれば、以上のような功徳を修することが大切であり、これらを修めることによってのみ、念仏三昧が進展することを教えている。

出家の菩薩については、六十の項目があげられ、これらの法に住して三昧を修習すべきことが説かれている。その十二までは戒を保つことについてであり、その他、族姓を恃まず、憍慢を破り、一切法に於て心つねに空寂、諸の衆生に親類の思いをもち、つとめて多く学び、多く学んで憍慢せず、諸仏に違わず、などが述べられている。

次に他の助法を述べたのち、「かくの如き三昧の果報をまさに知るべし」といい、次の問答を出している。

「この般舟三昧を修習して、何の果報があるか」

「無上仏道において不退転を得ることができる。もし人がこの諸仏現前三昧を聞くことを得るだけでも無量の福を受ける。まして信受、持読して人のため解説する人においてはさらに多くの福を得る。まして定心に修習する者は勿論である。この三昧を受持、読誦する者は、諸天守護し、諸仏世尊みな、共に護念したもう。また、諸天、諸仏が共に称讃し、愛念したもうところである。この三昧には無量無辺の果報がある。この般舟三昧を修習して諸仏を見ることを得、恭敬、歓喜し勤心に供養する」

供養とは清浄の心をもって、讃嘆するを口供養といい、敬礼し華香等を捧げるを身供養という。供養のゆえに福徳がさらに増長すること、種子が地にあって雨に潤い生長するようである。

このように般舟三昧によって菩薩は善根を増長し、人々に対して教化を始める。しかし布施と愛語によって働きかけるにとどまり、利行と同事は十分に尽すことができない。これはまだ初地の段階であるからである。しかしこの二つを実行して教化衆生に尽したいと考え、この教えを信受している。こうして身に得た善根を私有せず、仏道のため廻向するために、智慧の火によって練られ、善根が成熟して次第に大きな役割を果たすようになる。

以上で助念仏三昧品は終わっているが、この章には次の二つのことが述べられていることがわかる。

その第一は、前の四十不共法品からの続きで、法身の仏を念ずる、そのことが仏の名号の妙相を念ずることによって成就し、般舟三昧を得ることを述べている。そしてこの念仏は四法、五法によって成就することを明かし、また、出家、在家の菩薩がこの三昧を修習する法を教えている。

第二は、この般舟三昧の果報として無量無辺の徳が与えられることを明かしている。

第二十六章　譬喩品

譬喩品は次の偈で始まっている。

この菩薩は諸仏から初地の相貌を聞いて、修果を得るべきである。
そのときこの菩薩は諸地の分を得ようとして勤行精進するであろう。

この初地の菩薩は、諸仏菩薩から諸地の相貌を聞き修行の果を成就すべきである。菩薩はこれを聞いて、諸地の徳分を得るために勤行精進する。

この初地の相は、すでにさきに地相品において説かれたとおりである。

菩薩初地に在りて、よく堪受する所多く、
諍訟を好まず、その心喜悦多し。
常に清浄を楽《ねが》い、悲心に衆生を愍れみ、
瞋恚の心あることなく、多くこの七事を行ず。

堪受、不諍、喜悦、清浄、悲心および無瞋の七法が初地の相である。この七法を成就することが「修果を得る」道である。この堪受等の七相がすなわち初地の徳分となる。

偈文と偈文に続く文は次のとおりである。
もし厚く善根を種え、善く諸行を行じ、
善く諸の資用を集め、善く諸仏を供養す。
善知識の護る所となり、深心を具足す。
悲心に衆生を念じ、無上法を信解す。
この八法を具しおわりて、まさに自ら発願していうべし。
われすでに自度を得て、まさにまた衆生を度すべし。
十力を得るが為の故に、必定聚に入りて、
則ち如来の家に生まれ、諸の過咎あることなし。
即ち世間道を転じて、出世上道に入る。
ここをもって初地を得。この地を歓喜と名づく。

この故にまさに知るべし、菩提のための故に、得る所の決定心を名づけて、初地を修むる名を得たりとなす。初発心より乃至諸仏現前三昧を成ずるまで、その中間において具さに初地の功徳が説かれ、よくこれの諸功徳を生じている。生じ終わりて修集増長するを名づけて初地となすといっている。

龍樹は、初地の菩薩が、初発心から般舟三昧を成就するこの段階までにおいて、善知識から初地の姿を明らかに聞き、今までの過程において得られた功徳をさらに修集増長することに努力する。これをもって初地を得ることであるとしている。堪受等の七相が初地の相であり、これを成就することが初地を得ることである。

初発心の段階とは、厚種善根以下八法を具し発願するところをいう。この八法は成就せず敗壊の菩薩となるしかなかったが、それが資用となり、仏力を得て必定聚に入ることができた。それは「菩提のための故に」得ることができた決定心すなわち無上菩提心によるものであった。

ここから如来の家に生まれ、ついに世間道を転じて出世間道に入り得て、ここに初地を修する名を得たのである。このことを入初地品の偈を再説して述べている。

このようにして初地に入って、ついに諸仏現前三昧（般舟三昧、念仏三昧）を得るにいたるまでに、多くの功徳を得た。この功徳とは次の偈に説くようなものである、といって浄地品の偈を出している。

信力転増上　成就大悲心　慈愍衆生類　修善心無倦
喜楽施妙法　常近善知識　慚愧及恭敬　柔軟和其心
楽観法無著　一心求多聞　不貪於利養　離奸欺諂誑
不汚諸仏家　不毀戒欺仏　深楽薩婆若　不動如大山
常楽修習行　転上之妙法　楽出世間法　不楽世間法
則治歓喜地　難治而能治　是故常一心　勤行此諸法

菩薩能成就　如是上妙法　是則為安住　菩薩初地中

この偈は浄地品のはじめにあるもので、「菩薩この二十七法をもって初地を浄治す」とある浄地の法である。この二十七法を修集し増長すべき功徳であるといっている。

龍樹はここで問答していう。

「菩薩は何のためにこの初地の相を聞くのか」

「菩薩はこの初地においてよく進展する方法を知りたいために、すぐれた人たちに問うてその道を聞くのである」

「菩薩はただ初地の法だけから道を聞くのか、それともその他の法も聞いて道を得ようとするのか」

「さきの諸法中からよく道を知ると共に、他の法からもよく道を知るのである」

「それならば略説してくれ」

この問いに答えて次のように述べている。

「初地を助ける法は、信、戒、聞、捨、精進、念、慧、そのほか初地に随順している法がある。反対に初地を妨げる法は、不信、破戒、少聞、慳貪、懈怠、乱念、無慧、そのほか初地に随順しないものである。初地を滅する法とは、よく初地を退失せしめ、障碍し、現じないようにするものである。それはすでに調伏心品で述べた失菩提心法である。初地を生じ成就する法は、これもすでに調伏心法において述べた、恭敬心、

破慢心、遠離妄語、尊重善知識などの法である」

菩薩はこのように精進して、初地を成就して二地に入り、二地からさらに三地へと進展してゆく。

初地から二地にいたるのは不諂曲等の十心を得るゆえであり、二地から三地にいたるのは信楽などの十心を得るがゆえである。このように一地から一地へ進むのには功徳が増大することが必要で、初地では、布施、二地では、持戒と布施と信、三地では多聞と布施、持戒、信等と次第に徳の力が増してゆく。こうして次第に大功徳力を得、衆魔、諸天、世間、何者もこの菩薩を障碍するものがなくなり、ついに仏地を得るのである。

この諸地の中において、よく進展の道を知るために、諸仏や善知識にこれを問い、聞く者が、正法成就の人であり、憍慢心を破って前進するのであると述べている。

翻って、龍樹がなぜこの章で進展の道を説くのか、その理由を考えると、見仏三昧の成就で初地の記述は終わることになるが、このときにおいて、初地の成就ということをまとめるとともに、論全体の構成を明らかにしようとするものであろう。すなわち序品に述べた鈍根、懈慢の者が、仏力によって初地に入り、初地を修めることができるようになった。その進展が、易行品から以下、除業品、分別功徳品、分別布施品、分別法施品、帰命相品、五戒品、知家過患品、入寺品、共行品、四法品、念仏品、四十不共法品、讃偈品、助念仏三昧品と、このように進んできた。ここにおいて、初地を成就するためには、本論のはじめにある入初地品、地相品、浄地品に立ち返って、初地の相とその徳を善知識に聞き、修集、増長すべき徳目を明らかに教えられてこれに精進する。その助道の法が釈願品、発菩提心品、調伏心品、阿惟越致相品に述べられた種々の功徳である。

龍樹は菩薩がこのような助道の法をよく知れば、まだ仏道を究竟せずとも不退転に住するのであると結んでいる。このように本論の構成は、凡愚懈慢の存在が、易行品から入初地をとげ、さらにこのようにして進展する道程を明らかにしたものである。

次に「譬喩品余」で初地の成就を譬えとして述べている。

「菩薩がよくこれらの諸法を知れば、いまだ道を成じなくてもついに退転しないというが、それを喩でいえばどうなるか」

この答えとして不退の相が、喩えで表わされ、譬喩品の名に伴う内容が述べられる。

「すぐれた指導者はよく道を知っていて、ここからそこまで進むに適した好道は何かをわきまえ、必要な資糧や道具を皆ことごとく備え、途中の険悪な道中を安穏に過ぎることを得させ、大城にいたることができて、多くの人に何のわずらいもおこさせない。これは大導師のよく道を知る力によるものである。このように、よく初地を転じて二地に入らしめる道を知り、よく助道の法を具足し、自らも度すとともに多くの衆生をも兼ね救い、安穏の処、無為涅槃にいたらしめ、悪道に堕し衆苦に遇うことがないようにする。このように菩薩は方便力をもって善く道を知るのである」

好道とは、道が高下なく平らかで、寒からず、暑からず、危険性がなく、途中に多くの花や果物やよい水があり、行路が楽しい道をいう。

十地の道もこのような好道で、諦捨滅慧の四功徳処があり、諸の功徳を助ける。人々は真実を貴び、真実の教えすなわち諦語に随って、教えに親近し、その功徳を知って教えに随い、深く虚偽の語を厭い、離れ、これを捨てるようになる。

これは好道において、象や馬のような乗り物で大城に進んでゆくとき、道によい草がたくさんあって、その力となるように、諦、捨、滅、慧が、よく仏法にいたらしめ、涅槃の大城に入らしめるのである。

また、多くの河があって水が多く、人は船に乗って大城にいたることができる。信が大河であり、福徳が岸である。河は熱を除き、渇をいやし、垢を除き清涼を生む。善法の中で、信はこのようなはたらきをもつ、よく三毒の熱を除き、三垢の行悪を滅し三有の渇愛を除く、信は涅槃の徳であり、信によって善法を行ずる力が生まれる。ちょうど善い道には多くの薬草の根があって、その根からいろいろの薬草が手に入って勢力を得るようなものである。

十地の道もこのとおりである。薬草の根とは信心であって、信心から、憶念、願心などの諸功徳が生まれる。薬草とは布施等の六度の行である。この信心の根から生まれた薬草が貪瞋痴などの煩悩の病を滅してゆく。

また、善い道には悪い賊がいないように、十地の道もまた、五蓋の悪賊がいない。五蓋とは、貪欲蓋、瞋恚蓋、睡眠蓋、調戯蓋、疑蓋をいう。

悪賊は、まず人の持ち物を奪いとり、後に命を奪うように、この五蓋の悪賊は、まず、人から善根を奪い、後に慧命を断つのである。すなわち人はまず善根を失い、放逸に堕して死んでゆく。

また、道中に獅子や虎、狼のような悪獣がいないようなものである。十地の道も同様で、瞋恚や闘いや言い争いがない。悪獣はよく他を悩まし害し、肉を食らい血を飲む。瞋恚や怨恨も多聞の肉を食らい、修慧の血を飲むこと、悪獣のごとくである。

龍樹はこのように多くの譬をもって十地の道を讃えている。これは、始めの問い、すなわち「いまだ仏道を得ずとも、不退転に立つとは何か」に答えるもので、涅槃の大城にいたる善道を得て、その道中に何の不安も怖れもないことを表わすものである。その道中が十地であり、十地の始めが初地である。しかし、ひとたび初地に立てば、すでに善道に立ったのであるから、初地から二地へ、やがて十地への道ゆきは自然に展開する。それゆえ、十地の道として不退の道を讃えているのであろう。

龍樹はこの章を次の文で結んでいる。

菩薩は自ら善道を進んでゆくだけでなく、よく多くの人々をひきい、仏法を教え、涅槃を示して、生死の世界から涅槃にいたることを得しめる。これを大導師という。

導師はよく道を知り、自ら貪瞋痴、五蓋の諸悪などを行じない、従う者も悪を得ない、
この故に導師という。

始めの序品において、龍樹は「いまだかつて生死海の彼岸にいたることを得る者がいない、もしもいたる者があると、自らのみならず兼ねて無量の衆生を救うであろう。このような一人を誕生させたい。この故にこの十地の義を説くのである」と述べた。この龍樹の願いに応じて、ここに生まれ出た菩薩は、自ら不退の道を歩き進むとともに、このように無量の衆生を、この道にあらしめるはたらきを展開する。こうして無上の仏道が、尽未来際、衆生海のあらんかぎり成就し展開してゆくのである。

第二十七章　略行品

「初地については已に略説した。仏法は無量無辺であるが初地が根本である。初地を広説すればこれまた無量無辺である。以上の説は略説にすぎない。しかし初地はこれくらいにして次に第二地について説こう」

「君は第二地を説こうというが、初地の意義も中々に深く内容も多い。それゆえ懈怠心をおこしてこれを充分に消化できない心配がある。たくさんの内容を読みこなせない者のために初地の菩薩の行を略解してくれ」

「『法句経《ほつくぎよう》』のことばの通りである。

諸悪莫作（諸悪をなすことなく）
衆善奉行（衆善を奉行す）
自浄其意（おのずからその心を浄くす）
是諸仏教（これ諸仏の教えなり）

ただ一言で仏道をいいつくせば、一心不放逸ということだ。（法あり、仏道を摂す、いわく一心不放逸）」

「また三法がある、よく仏道を摂することができる。一つには不放逸、二には智慧」

「また三法がある、よく仏道を摂する。一には戒を学ぶ、二には定を、三には慧を。戒は定を生じ、定は智慧を生じ、智慧は諸々の煩悩を散ずる」

「また四法がある、よく仏道を摂する。一には諦、二には捨、三には滅、四には慧」

龍樹は初地を終わるに当って、このように初地の菩薩の行を略説し、以下十法まであげている。それらははじめの「一心不放逸」と「智慧」におさめられる。まことに初地の菩薩の行を一言でいえば「一心不放逸」であり、また言いかえれば「智慧」の成就であろう。「一心」とは「信心」であり、「不放逸」は「一心」の表現である。「一心」はまた「智慧」である。こうして初地の行は「一心」を基本とし、「不放逸」ということを柱として展開するものということができる。

「仏道を求める者の遠離しなければならない悪法がある、それは放逸。放逸を行ずるのを求道者の死という」

「遠離しなければならない過ちに二あり、一には声聞地を貪る。二には辟支仏を貪る。これを菩薩の死という。たとい地獄に堕ちても永く仏道を遮ることにはならないが、もし二乗に堕ちると畢竟して仏道を遮る」

「遠離しなければならない過ちにまた三あり、一には諸の菩薩を憎む、二には菩薩の諸行を憎む、三には深甚の大乗経を憎む。小智の故に小因縁をもって菩薩を憎む、また自ら理解し得ず、信じ得ないために菩薩の所行及び大乗経を憎むのは、大地獄に堕ちる行である」

「また四過があり、遠離しなければならない。一には諂、二には曲、三には性急で寛容性をもたず、四には慈愍なし。これらは仏道を離るること甚だ遠く、地獄に近い過ちである」

「また五過があり、遠離しなければならない。一には貪欲、二には瞋恚、三には睡眠、四には調戯、五には疑、これを五蓋という。放逸とは五蓋で心が覆われることである」

「また六過があり、遠離しなければならない。一に慳貪、二には破戒、三には瞋恚、四には懈怠、五には調戯、六には愚痴」

「また七過があり、遠離しなければならない。一には世間のことを多くするを楽しむ、二には仏教以外の書を多く読むことを楽しむ、三には睡眠多きを楽しむ、四には大勢集まって話すことを楽しむ、五には利養を楽しむ、六には常に人を喜ばせようと心を労する。七には道心に迷い、人間的な愛にひきずり廻される。このような人に限って、自分は菩薩行を行じているという」

「また八法があり、遠離しなければならない。一には邪見、二には邪思惟、三には邪語、四には邪業、五には邪命、六には邪方便、七には邪念、八には邪定、これは八正道を離れた愚痴の八邪道である」

「また九法があり、遠離しなければならない。一には無上正真道の教えを聞かず、二には聞いても信ぜず、三には信じても受けず、四には受けても誦持せず、五には誦持しても義趣を知らず、六には知っても他の人に説かず、七には説いても自ら行ぜず、八には行じても常には行ぜず、九には常に行じても形だけで善行することができない」

「また十過があり、遠離しなければならない。十不善道がこれである」

われらはこの過法を指摘され、「放逸」の内容を明らかに知り得る。道を行ずるというのは、このような過悪を凝視し、これを除いてゆくことにほかならない。われらは信の天地においてこれらの修行、学習につとめたいと思わずにはいられない。

第二十八章　分別二地業道品

龍樹は略行品をもって初地を説き終わり、次に二地について述べる。菩薩は二地を得るために次の十心を生ずる。この十心によって第二地を得ることができる。

「十心とは何か」

「一には直心、二には堪用心、三には柔軟心、四には降伏心、五には寂滅心、六には真妙心、七には不離心、八には不貪心、九には広快心、十には大心である」

直心とは諂曲《てんごく》を離れること。諂曲を離れるがゆえに心が次第に柔軟となり、剛強麁悪《そあく》から遠ざかることができる。柔軟心のゆえに心の平和を得て、多くの善法を行じ、事の真相を観知するようになる。諂曲とは他の人を自分に引きつけるために心を曲げて媚びへつらい、あるいは自分の過失を隠すために、あれこれと理屈を述べて教えに随わないことである。このような素直でなく、正直でなく、また率直でない心の底には憍慢と我執が横たわっている。菩薩はこの憍慢を離れ恭敬の心に住し、我執を退けて謙虚に教法を聞く姿勢に住しているために、直心がすすんでゆく。直心とは正直であって教法に素直な心である。

この心が柔軟心となりさらに堪用心となる。堪用心とはわが心の実相を知って、それを内観凝視してこれに堪えてゆく心であり、人生の実相を知ってこれを受けとめてゆく心であろう。

堪用心は降伏心となる。降伏心は眼、耳、鼻、舌、身などの諸根を降伏して、煩悩に引きずられて放逸に耽ることをやめさせる心である。この降伏心は寂滅心を生ずる。寂滅心はよく貪欲、瞋恚《しんい》、愚痴などの煩悩を空じ、心を平和に保つ心であって、必ず真妙心となって展開する。真妙心は真実心である。

「初地でも直心などは行ずるのであるが、まだ深まりがなく堅固でない。二地において心つねに直心を楽しみ、喜び、深まって初めてものの用にたつようになるのだ」

「これらの十心を得たらどうなるのか」

「もし菩薩が直心などの十心を深めることができたならば、菩薩はまさしく第二地に住する。第二地を離垢という。離垢というのは、この第二地で十不善道の罪業の垢を離れ、また、貪欲、瞋恚、愚痴などの煩悩の垢を離れ、悪を行ぜず善道を行ずるように自然になることをいう」

初地の菩薩は心に信を生じ、身に布施を行い、またあつく三帰依の上にたち、衆生に対し教化をはたらきかける。このような展開の上に次第に深まりが生まれ、十心を生ずる。十心の根本は直心である。直心は信心の純化にほかならない。信心の純化がやがて菩薩を高い世界に進展させる。この世界を第二地といわれるのである。

この第二地は離垢地とも呼ばれる。離垢とは心の垢と生活の垢から、離れ遠ざかるということで、自己の心と生活を問題とし、その浄化をはかることである。信心が深まると自己自身の生活を内観凝視してこれを浄化しようとする。そこに二地がある。生活とは、身業、口業、意業である。われらの身業に何を行じているか、口業に何を言っているか、意業に何を思っているか、これらの深省と浄化こそ二地の問題である。

思うに、初地は初歓喜地といわれるように、長い迷いの世界を初めて打ち破られて、大きな広い喜びの天地に出た境地である。これが仏道の真の出発点である。しかし迷いの根源は破られても、多くの煩悩や自己中心の残渣が数多く残っていて、その世界は堅固でなく、また、不純なものを多くふくんでいる。この初地を仏道への出発点としていよいよ求道の旅を続けさせるものは、一面からいえば信心そのものであり、他面からいえばさきに述べた善知識である。生まれた信心が自然に善知識に親近し、恭敬し聞法する。そしてこの善知識の教えをさらに深く受持するところに生まれるものが自己の生活の内面化、あるいは脚下照顧という道程であろう。そこにさらに自己をたずね、掘り下げて一歩一歩深まる世界がある。これが二地であろう。二地は初地の深化である。

この二地において問題となるのは行業である。行業とは身口意の三業であり、生活それ自体である。行業をとおし、生活をとおして、仏願の真意に迫り、自己自身の内奥に深まる。これが二地の内容である。

ところで二地といっても、初地と全然違った新しい行法を行じたり、異なった行き方をするのではない。すべて内容は初地と同様である。いわばその繰り返しである。しかし単なる繰り返しではない。繰り返しをとおして深まり、深まりをとおしてさらに繰り返す、そこに進展がある。進展とは何か異なった新しいことをやるのではない。やること、実行することは同じである。それを行う心根が純化され、深まってくる。いわゆる信力増上である。そこに初地から二地に、二地からさらに三地への展開がある。

信力増上の天地がまず離垢地と呼ばれる。菩薩はこの地に住して深く仏道を楽しみ、求め、次第に悪を行ずることが少なくなり、善を行ずることが多くなる。これを十不善道を離れ十善道を行ずるといわれる。これを龍樹は次のようにいう。

「菩薩がこの地に住すれば自然《じねん》に悪を行ぜず、深く善法を楽しむので自然に善道を行ずるようになる」

「菩薩はすでに初地の中で十善道に住していたではないか。二地で何故ふたたび重く説くのか」

「初地で十善道に住していないわけではない。しかし二地で十善道の行が非常にすぐれたものになり、増長するのである」

初地では歓喜が中心である。歓喜は宗教心の第一の相である。菩薩は第二地で十善道及び十不善道の内容と意味をよく知り、自分で不善をしないだけでなく、他の人に不善を教えず、また不善に対して心楽しまず、これを喜ばないようになる。このような心をもって十善道に住する。この清浄な心は初地の中ではおこらなかったものである。菩薩はこの二地に住し、この清浄の心に深まり、善道と悪道をよくわきまえ決定心を得るのである。このような展開は、いわば二地の徳のはたらきであり、自然《じねん》の進展純化というべきものである。

「十不善道とは何か」

「三種の身業あり、殺生、偸盗、邪淫。四種の口業あり、妄語、両舌、悪口、散乱語。三種の意業あり、貪欲、瞋恚、邪見がこれである」

殺生、偸盗、邪淫、妄語については、さきの五戒品で述べたので今は略し、両舌などについて簡単に説明する。

両舌とは二枚舌のことで、他の人を別れ別れにするために、こちらにはこのように言い、あちらには別のように言って、せっかく和合しているものを離ればなれにしてしまう。このように間を引き裂くことを喜び好むことを両舌という。

悪口とは、いわゆる悪口のほかに、害語（人の心を損うことば）、苦しめることば（苦語）、粗末なことば（麁語）、下品なことば（弊語）、つまり他の人の心に怒りや悩みを与えることばをいう。

散乱語とは人の心を散らし乱すことばである。これは心の集中や平和を乱すものである。時ならぬ時の話(非時語)、何の役にも立たぬ話(無利益語)、法にかなわぬ話(非法語)、始めも終わりもない話(無本末語)、何の関係もない話(無因縁語)をいう。

貪欲とは、他の人の所有しているものを欲しがることをいう。瞋恚とは、他の人に対し、怒り腹立ちの心をおこし、どうして叩かないのか、縛らないのか、殺さないのかなどと怒る、これをいう。邪見とは「人のために布施をする必要はない」といい、「恩などあるものか」といい、「悪いことをしても悪い報いがあるとは限らない」といい、「父母なんてあるものか」といい、「自分は何でもわかっている」という。これを邪見という。

殺生から散乱語までの七不善業は貪、瞋、痴(邪見)から生まれる。したがって十善道を行ずるということは貪欲、瞋恚、愚痴の退治が根本である。貪欲、瞋恚、愚痴の退治とは何であろうか。

貪、瞋、痴(邪見)はわれらの心奥に横たわる本源的なものである。これが退治されてゆくということは、人間われらの人間的な力でできるものではない。どんなにそれから離れようとしても離れ得ないものであるからである。しかし二地においては、二地自体の徳によって貪瞋痴は変質してゆく。貪は不貪へ、また布施に、さらに慈悲へと展開する。瞋恚は柔軟へ、寛容へと次第に変る。邪見や愚痴は正見、正思惟に変る。このようになってゆくと、七不善業は次第に滅び、七善業が自然に生まれてくる。これを「自然《じねん》に悪を行ぜず、自然に善を行ず」といわれるのであろう。

二地の徳によって貪瞋痴が退治される、それはちょうど氷が春の日によって融かされるようなものである。信の深化によって、信自体が貪瞋痴を照らし出し、照らし出すことによって、これらを破り、融かしてゆく。人間の力ではどうにもならないものが、信力増上によって、信自身のはたらきとして退治の力を発揮してゆくのである。

跋文

以上の記述を終わって思うことは、龍樹菩薩に対する深い感謝である。われら凡愚の求道に対し、よくもこれほど詳細かつ懇篤な指導をくださったことよと感銘せずにはいられない。まことに親鸞聖人の和讃を心からいただくことである。

本師龍樹菩薩の　おしえをつたえきかんひと
本願こころにかけしめて　つねに弥陀を称すべし

最後に旧著の「あとがき」の一部を載せよう。この旧著がなかったら、この書はあり得なかったゆえである。

私は昭和十八年、学生時代に、全く偶然の縁で先師住岡夜晃先生におあいすることができ、その御教化をうけることができた。先生は昭和二十四年、五十四歳の若さで逝去されたため、地上での御縁は長くはなかった。しかし私の今日あるのは一重に先師の御化導のおかげである。

大学に奉職後、学内に仏教研究会をつくり、毎週一回学生と仏典を読んだり、また諸先生においで願って年に何回か講習会をひらいたりしてきたが、その会ができてからすでに二十年になる。この会の卒業生が、月一回あつまり一泊二日の会をもつようになったのが、もう十年以上も前であろうか。この卒業生の会での講話が本書の内容である。

私はこの会で、仏法の歴史を学びたいと考えた。そして親鸞聖人の「高僧和讃」を教材とし、まず龍樹菩薩から勉強を始めたわけである。しかし龍樹について参考になる書物は非常に少なかった。空観その他の哲学的なものは多少あるがあまりに理論的で私には役立たなかった。加藤智学氏の『龍樹の宗教』、教学研究所の『真宗宗祖伝』の龍樹の項などを読み、『十住毘婆沙論』に惹かれた。そして数年間かかって何とかとにかくこれを読みとおし、読みかえして、これをさきの会で頂いた。これがこの小書のできた因縁である。(昭和四十四年十月　先師二十一周忌を迎えて)

著者しるす

平成四年一月

解説　現代における仏道の指針

柴田《しばた》泰山《たいせん》

はじめに

釈尊以来の長い歴史がある仏教には本当に数え切れないほどの本がある。数ある仏教書を大まかに分類してみると、①教義に関わる内容、②実践に関わる内容、③儀礼に関わる内容、④歴史に関する内容、となるであろう。①教義に関わる内容とは釈尊の覚りの内実や縁起の構造、あるいは諸大乗経典の注釈書や各宗の教義書などであり、代表的なテキストとして龍樹の『中論頌』や世親の『唯識三十頌』などが挙げられる。②実践に関わる内容とは教義をベースとして如何に実践すべきかを論述した典籍であり、たとえば天台智顗《ちぎ》の『摩訶止観』などが挙げられるであろう。③儀礼に関わる内容とは実際の儀礼の綱要などを記した文献であり、浄土教の礼讃類や密教の儀軌などを挙げることができる。④歴史に関する内容を有する文献としては、インドの部派の様子を記した『異部宗輪論』や中国の高僧の業績をまとめた各種高僧伝などがある。また、文献によっては①②③④が複合した内容になっているものもある。

仏教にはこのように多数の本があり、確かに哲学的な要素は色濃いものの、仏教は決して単なる哲学ではなく、必ず身体的な修行を要する。この修行は覚りを目指す道程そのものであり、仏道ともいう。そして「仏になりたい」・「覚りを得て、人々を苦しみの根源から救いたい」という誓願をたて、自らが目指すべき仏に向かって修行を続ける者のことを「菩薩」という。では、仏道全般における修道体系を明かした文献として、どのような本を挙げることができるであろうか。ここで私達は大乗菩薩の修道体系と実践項目を明かした経典として『十地経』の存在に思いを巡らすことであろう。『十地経』には大乗菩薩による不断の修行が説き明かされており、大乗経典の一大精華ともいうべき『華厳経』が、『十地経』と善財童子の遍歴を描いた「入法界品」を中心として構成されている点から見ても、大乗仏教は大乗菩薩の実践道を示す教えであることが分かる。

この『十地経』には古代インドで作成されたであろう二種類の解説書がある。ひとつは世親の『十地経論』、もうひとつは本書『龍樹の仏教』が取り上げている『十住毘婆《じゅうじゅうびば》沙《しゃ》論《ろん》』である。本書著者の細川巌氏も指摘するように（一八頁）、世親の『十地経論』は『十地経』の経文を丁寧に解説した注釈書であるのに対して、『十住毘婆沙論』は『十地経』の世界観を龍樹自らが考える大乗菩薩道の道程として描き直した論書であり、両書は性格も内容も大きく異なっている。この『十住毘婆沙論』という典籍は、まず仏道修道の入り口までの案内図を示し、そして入り口の前で誰にでも仏道修道への入場券を渡し、いざ中に入ると目標とすべきイメージが明示され、加えてゴールにまで必ず到達する方法を説き示すという、数多ある仏教書の中でも大きな異彩を放っている。そして中国浄土教で最初に阿弥陀仏信仰に関する教義を体系的に論じた曇鸞《どんらん》が主著の『往生論註』の冒頭で引用して以来、道綽《どうしゃく》や迦才《かさい》や法然や親鸞などが『往生論註』所引の『十住毘婆沙論』を典拠として「易行道＝阿弥陀仏信仰」を主張しているのである。いうなれば『十住毘婆沙論』は浄土三部経とともに中国および日本における阿弥陀仏信仰の一大根拠であり、この点においても『十住毘婆沙論』は仏教思想史上における特別な存在として見直すことが必要な一書でもある。

『十住毘婆沙論』の概要

『十住毘婆沙論』の著者は龍樹（ナーガールジュナ）とされる。龍樹については中村元『龍樹』（講談社学術文庫）や瓜生津隆真『龍樹――空の論理と菩薩の道』（大法輪閣）や石飛道子『構築された仏教思想／龍樹――あるように見えても「空」という』（佼成出版社）などに詳細かつ分かりやすくまとめられているので参考にしていただきたい。ともかく、この大乗を代表する論師は、論理学者と言語学者と哲学者と宗教者の顔を持っており、論理学者と言語学者と哲学者として『中論頌』を撰述し、宗教者として『大智度論』や『十住毘婆沙論』を撰述している。古来、『中論頌』を書いた人物が『大智度論』や『十住毘婆沙論』も書いたのかという疑問があるが、近年の研究（武田浩学『大智度論の研究』〈山喜房仏書林〉や瓜生津隆真『ナーガールジュナ研究』〈春秋社〉など）では同一人物と見る傾向が強い。特に瓜生津隆真氏は、『十住毘婆沙論』内の本頌の著者は『中論頌』を書いたナーガールジュナその人であることを指摘している。また平川彰氏によって『大智度論』と『十住毘婆沙論』が同じ著者によるものなのかという疑問も呈されたが、同じく近年の研究では同じ著者とする傾向にある。加えて、瓜生津隆真氏が『ナーガールジュナ研究』や『龍樹――空の論理と菩薩の道』で指摘するように、『大智度論』と『十住毘婆沙論』と『菩提資糧論』は近似した内容を有している。また『大智度論』と『十住毘婆沙論』が引用している『般舟三昧経』に着目してみると、管見の限りではあるがこの二書以外にインド系の論書で『般舟三昧経』を引用している文献は見当たらない。両書が鳩摩羅什《くまらじゆう》による訳出であることを考慮しても、やはり『大智度論』と『十住毘婆沙論』以外に『般舟三昧経』の引用が見受けられないことと、達磨笈多《だるまぎつた》訳『菩提資糧論』や真諦訳『宝行王正論』に『般舟三昧』を典拠とした「諸仏現前三昧」に関する記述があるという瓜生津隆真氏による指摘からも、『大智度論』と『十住毘婆沙論』は極めて近似した位置にあり、その著者は『菩提資糧論』や『宝行王正論』の著者であった龍樹に帰すことが可能と思われる。

さて、『十住毘婆沙論』は「序品《じよぼん》」から始まり、「戒報品《かいほうぼん》」までの計三十五品で構成されている。各品の詳細な内容は本書『龍樹の仏教』を精読していただきたいが、特に着目すべき点は本書著者も指摘（五頁、二三頁）するように、注釈対象の『十地経』から大きく乖離した内容があるということである。これは「発菩提心品《ほつぼだいしんぼん》」・「調伏心品《ちょうぶくしんぼん》」・「阿惟越致相品《あゆいおっちそうぼん》」・「易行品《いぎょうぼん》」・「除業品《じょごうぼん》」・「分別功徳品《ふんべつくどくぼん》」であるが、ここにこそ龍樹独自の見解が説かれているとともに、龍樹自身の宗教と信仰が語られた部分でもある。

この六品で龍樹が説示していることは、第一に大乗菩薩のあるべき姿と進むべき道であり、第二にひとたび菩薩とはなったものの、修行道程のあまりにもの厳しさとはてしない永さを目の前にして挫折したり迷ったりしている菩薩に対し、仏道は諦めたり挫けたりするものではなく常に仏の大いなる力に護られ導かれながら進むものであることを切々と説き明かしている。第一の菩薩のことを「不退転の菩薩」といい、この菩薩はもはや仏道に背を向けることなく、ただ一心に自らの覚りの獲得と一切衆生の救済のために尽力する存在である。対して第二の菩薩のことを「退転の菩薩」あるいは「敗壊《はいえ》の菩薩」・「漸漸転進の菩薩」といい、この菩薩は仏道修行を前に心が萎縮したり緊張したり、逃げ出しそうになったり挫けそうになっている存在である。

『十住毘婆沙論』の最大の特徴は、このような積極的に仏道修行を歩めそうもない菩薩に対して、彼らを見捨てることなく、見限ることなく、正しく菩薩の歩み進むべき道へと導き、そして彼らが再び自身の進むべき道の上で立ち止まったり、悩んだり、諦めたりすることのないようにしている点であろう。この所説は数ある仏教書の中でも実に特異な内容である。またこの退転の菩薩が不退転の菩薩へと展開していく様相こそ、『十住毘婆沙論』の著者である龍樹が見出した真の大乗菩薩道への入り口である。しかも、論理学者であり言語学者であり哲学者であった龍樹自らが、言語を駆使して到達した入り口なのだ。龍樹が、言語が及び得ない覚りの領域に向かって進もうとした際に、その余りにも深遠なる道程を目の前にして、既に覚りの世界に到達した釈尊に対して心の底から「空を、否、すべてを覚りし釈尊よ。今こそ我を導きたまえ」と祈ったとき、突如として眼前に開いた法門であったものと想像する。そして「空」を追求した龍樹が気付いたことは、「仏の加護と導きのない仏道など存在するはずもない」ということだったのかもしれない。

易行品と除業品について

易行品では、退転の菩薩がまず阿弥陀仏をはじめとする諸仏の名号を聞き（聞名《もんみょう》）、そしてその名を称え（称名《しょうみょう》）、その仏の具体的な姿に想いを凝らし（憶念）、その仏を礼拝することで、不退転の菩薩へと展開することが説示されている。さらに後の除業品と分別功徳品へと進み、最終的には仏を目の当たりに見ることができるようになるのである。

ここで「聞名」について着目してみたい。易行品における実践徳目については、どうしても称名が中心的であるが、称名を実践するためにはその前提として聞名が不可欠であろう。しかも諸大乗経典では諸仏の名を聞けば歓喜踊躍《かんぎゆやく》することが説示されているが、易行品で退転の菩薩が不退転の菩薩へと進展したとき、この菩薩は歓喜地に到達しているのである。つまり退転の菩薩は仏名を聞くことで歓喜しているのである。では、どうして仏名を聞くことで、退転の菩薩が歓喜し、さらに不退転の菩薩へと進展するきっかけを得ることができるのであろうか。たとえば竺法護《じくほうご》訳『阿惟越致遮経』（大正新脩大蔵経〔以下「大正蔵」〕九・二一六頁・下）や智厳訳『広博厳浄不退転輪経』（大正蔵九・二四七頁・下）から、仏名を聞くことで不退転の位を獲得することができ、またその理由は仏名を通じて諸菩薩を不退転へと導くことが一切諸仏の誓願であることが分かる。また『十地経論』（大正蔵二六・一三六頁・上）には菩薩が初地にあって歓喜する理由として、仏の存在を念じることで、自らが目指すべき仏の明確なるイメージを獲得することができることが挙げられている。換言すると、仏の聖なる名を耳にした菩薩は、それまで揺らいでいた仏のイメージが突如として払拭され、自らが目指すべき仏の姿をありありと思い浮かべることができるようになるのである。そして、菩薩は聖なる名の仏に対して常に全身体的に向かい、仏は威神力によってその菩薩を加護し導き続けるようになるのである。このときの菩薩は常に仏を念じ続けている。つまり易行品で説かれている称名とは、退転の菩薩がこれまでの怠惰な自己から決別し、今一度、仏とともに仏道を歩みだした姿なのである。

易行品に続く除業品では、懺悔《さんげ》をはじめ勧請や随喜や廻向《えこう》が説示されている。ここで懺悔に着目したい。懺悔の対象は、自己の作罪である。自己の過去の罪とその報いはまさに恐るべきものであり、現在の自己が過去の罪とその報いを自覚した時にはもはやその罪の重さを前にして何も為すことができず、ただただその耐え難き罪の重さを心から悔い、現前の仏に対して称名念仏を実践するより他に何もできない。つまり懺悔とは、自らの罪とその報いを悔い、自らの罪とその報いがもたらす輪廻への繋縛を恐れ、仏の救いのもと、輪廻への繋縛を断ち切り浄土に往生することを祈り、全身体的に仏に向かい、仏の聖なる名号を称えようとする意志において成立するものである。いうなれば菩薩道とは常に仏とともに歩む道であり、仏とともにあるからこそ恐るべき自己の罪を告白し、そしてその罪の報いの払拭を祈り続けることで、過去の悪しき行いとその報いの影響を受けることなく、仏とともに大乗菩薩道を一歩ずつ進むことができるのである。

このことから、易行品や除業品を通じて見出される菩薩道とは、入り口に到達し仏の聖なる名を耳にした時点で常に仏に護られ、仏に導かれる道であるとともに、自己が目指すべき仏の明確なるイメージを獲得することで、菩薩としてのあるべき姿へと進展していく世界と読み取ることができる。そして、このような世界は常に仏の聖なる名を称え続けるときに形成されるものであり、菩薩が仏と向き合い、菩薩が眼前の仏に憧れ、菩薩が眼前の仏を目指している状況を見ることができるのである。

現代における仏道の指針としての『十住毘婆沙論』

この『十住毘婆沙論』の世界観を現代に投影すると、何が見えてくるのであろうか。易行品へと導かれた菩薩は退転の菩薩であった。この菩薩は、仏道修行を前に心が萎縮したり緊張したり、逃げ出しそうになったり挫けそうになっている。そして愚かで怠惰で慢心しやすい性格でもある。そう、これは現代を生きる私達の姿ではないのか。個々の欲望が集まり肥大化した消費社会の中で、そして社会そのものが煩悩の化身のような存在となり、個人の方が煩悩化した社会の欲望の求め口となりきってしまった現代にあって、生きることに飽き、生きていくことを倦み、現実感が欠如した日々を送っている私達こそが、『十住毘婆沙論』が救済の対象とした存在である。

現代にあって釈尊の教えに触れ、釈尊に憧れ、釈尊を慕い、釈尊の追体験を行おうとする私達であろうが、その一方で釈尊のいいつけに背き、釈尊が望まないことに手を出し、あまつさえ仏道に背を向けて生きているのが現状である。『十住毘婆沙論』は、このような私達に向かって称名念仏一行の実践のきっかけを与えることで、仏道修道の入り口までの案内図を示しているのかもしれない。このように考えた上で、中国で最初に『十住毘婆沙論』を引用した曇鸞の『往生論註』(大正蔵四〇・八二六頁・中)の次の言葉に耳を傾けると、実に奥深い内容を読み取ることができる。

よくよく考えてみると、龍樹菩薩の『十住毘婆沙論』によるに、菩薩が不退の位(=阿毘跋致《あびばっち》)を求めるに際して、二通りの方法がある。第一には難行道であり、第二には易行道である。

難行道とは即ち五濁〔によって汚された悪しき〕世において、〔その上、覚者たる〕仏が不在な時代にあって、不退の位（＝阿毘跋致）を求めるのは困難なことである。〔このことが〕困難な要因は多々あるが、三つ〔から〕五つほどの〔要因を〕提示して、その理由を明示しよう。第一には仏教以外の〔仏教によく似た教えの〕善行が、〔真実たる仏教の〕菩薩の修行を妨げるからである。第二には声聞の自らの覚りばかりを追求する〔教え〕が、〔菩薩の他をも覚りへと導こうとする〕大いなる慈悲を妨げるからである。第三には〔自他や因果をまったく〕顧みない悪人が、他の〔菩薩の修行によって得られる〕優れた功徳を崩壊させるからである。第四には悪しき行為から〔何か〕良い結果を導こうとする〔誤った見解〕が、優れた修行を打ち砕く。第五には自力ばかり〔が先行し、〕他力が作用することがないからである。これら〔種々の〕問題は、実際にあることばかりである。〔このことを〕譬えるならば、陸路を徒歩で進むことは〔極めて〕苦しく〔辛い〕ことのようなものである。

〔一方、〕易行道とは即ちただ〔ひたすらに〕仏〔の存在とその導きとを〕信じることによって、浄土への往生を願えば、仏の〔本〕願力に乗じて、清浄なる仏の世界に往生することができるのである。〔そして〕仏の〔威神〕力が加わることで、即時に大乗正定聚《しょうじょうじゅ》に入ることができるのである。〔ここで言う〕正定とは、不退の位（＝阿毘跋致）のことである。〔このことを〕譬えるならば、水路を船で進むことは〔実に〕容易であるかのようなものである。

ここで曇鸞が説く易行道とは仏の存在を信じ、仏の浄土への往生を願うことであり、仏の本願力を根拠として大乗菩薩道を進むことである。つまり、曇鸞は仏とともに生きることを、さらには仏の本願力のもとで生きることを勧めているのである。また、曇鸞は「仏の不在」を嘆いているが、現代を生きる私達にとって、今の時代は文字通りの乱世にして、末法の世である。時代ばかりが悪いのではない。「仏の不在」があまりにも永い間にわたって続いたので、私達自身が「仏」を見失っているのだ。このような時代だからこそ、私達はもう一度、易行道の意味を深く考え直さなければならない。

現代という時代は、すでに規範と規律を失い、あらゆる権威は失墜し、個々人がバラバラに切り離され、生きる意味と意義が見失われた時代である。このような時代に生きている私達であるとともに、私達ひとりひとりがこのような状況の中にいるのである。この時代の中で生きている私達には、「自らの生が、自分が本当に生きるに値する生である」と実感する機会が実に希薄なのだ。『十住毘婆沙論』は、今を生きていることに鈍感な私達に対して「仏とともに生き、仏に護られ、仏に導かれる人生は、一体どこにいったのだ」と激しく警鐘を打ち鳴らしている。仏教は哲学ではない。仏教は人生であり、仏教は生き方なのだ。

『十住毘婆沙論』を書いた龍樹も、釈尊の覚りの領域を言語が使用可能なギリギリのところまで考えたからこそ、釈尊に憧れ、釈尊を慕い、すべての人を釈尊へと向かわせるべく『十住毘婆沙論』を撰述したのであろう。そして本書『龍樹の仏教』も、釈尊の教えに触れ、釈尊に憧れ、釈尊を慕い、釈尊の追体験を行おうとする私達に対して、本当の意味での生きるに値する生の方向性を示そうとしているのだ。

混沌たる現代に、本書『龍樹の仏教』が投じる一石の意味は本当に深いと思う。

本書は一九九二年五月一〇日に法蔵館より『十住毘婆沙論―龍樹の仏教―』として刊行されたものである。

アラブが見た十字軍
アミン・マアルーフ
牟田口義郎／新川雅子訳
十字軍とはアラブにとって何だったのか？　豊富な史料を渉猟し、激動の12、13世紀をあざやかに、しかも手際よくまとめた反十字軍史。

バクトリア王国の興亡
前田耕作
ゾロアスター教が生まれ、のちにヘレニズムが開花したバクトリア。様々な民族・宗教が交わるこの地に栄えた王国の歴史を描く唯一無二の概説書。

ディスコルシ
ニッコロ・マキァヴェッリ
永井三明訳
ローマ帝国はなぜあれほどまでに繁栄しえたのか。その鍵は〝ヴィルトゥ〟。パワー・ポリティクスの教祖が、したたかに歴史を解読する。

戦争の技術
ニッコロ・マキァヴェッリ
服部文彦訳
出版されるや否や各国語に翻訳された最強にして安全な軍隊の作り方。この理念により創設された新生フィレンツェ軍は一五〇九年、ピサを奪回する。

マクニール世界史講義
ウィリアム・H・マクニール
北川知子訳
ベストセラー『世界史』の著者が人類の歴史を読み解くための三つの視点を易しく語る白熱の入門講義。本物の歴史感覚を学べます。文庫オリジナル。

古代ローマ旅行ガイド
フィリップ・マティザック
安原和見訳
タイムスリップして古代ローマを訪れるなら？　そんな想定で作られた前代未聞のトラベル・ガイド。必見の名所・娯楽ほか情報満載。カラー頁多数。

古代アテネ旅行ガイド
フィリップ・マティザック
安原和見訳
古代ギリシャに旅行できるなら何を観て何を食べる？　そうだソクラテスにも会ってみよう！　神殿等の名所・娯楽ほか現地情報満載。カラー図版多数。

古代ローマ帝国軍 非公式マニュアル
フィリップ・マティザック
安原和見訳
帝国は諸君を必要としている！　ローマ軍兵士として必要な武器、戦闘訓練、敵の攻略法等々、超実践的な詳細ガイド。血沸き肉躍るカラー図版多数。

世界市場の形成
松井透
世界システム論のウォーラーステイン、グローバルヒストリーのポメランツに先んじて、各世界が接続される過程を描いた歴史的名著を文庫化。（秋田茂）

甘さと権力
シドニー・W・ミンツ
川北稔／和田光弘訳

砂糖は産業革命の原動力となり、その甘さは人々のアイデンティティや社会構造をも変えていった。モノから見る世界史の名著をついに文庫化。（川北稔）

スパイス戦争
ジャイルズ・ミルトン
松浦伶訳

大航海時代のインドネシア、バンダ諸島。欧州では黄金より高価な香辛料ナツメグを巡り、英・蘭の男たちが血みどろの戦いを繰り広げる。（松園伸）

オリンピア
村川堅太郎

古代ギリシア世界最大の競技祭とはいかなるものであったのか。遺跡の概要から競技精神の盛衰まで、綿密な考証と卓抜な筆致で迫った名著。（橋場弦）

アレクサンドロスとオリュンピアス
森谷公俊

彼女は怪しい密儀に没頭し、残忍に邪魔者を殺す悪女なのか、息子を陰で支え続けた賢母なのか。大王母の激動の生涯を追う。（澤田典子）

古代地中海世界の歴史
本村凌二
中村るい

メソポタミア、エジプト、ギリシア、ローマ――古代に花開き、密接な交流や抗争をくり広げた文明を一望に見渡し、歴史の躍動を大きくつかむ！

大衆の国民化
ジョージ・L・モッセ
佐藤卓己／佐藤八寿子訳

ナチズムを国民主義の極致ととらえ、フランス革命以降の国民主義の展開を大衆的儀礼やシンボルから考察した、ファシズム研究の橋頭堡。（板橋拓己）

英霊
ジョージ・L・モッセ
宮武実知子訳

第一次大戦の大量死を人々はいかに超克したか。仲間意識・男らしさの称揚、英霊祭祀等が「戦争体験の神話」を構築する様を緻密に描く。（今井宏昌）

ヴァンデ戦争
森山軍治郎

仏革命政府へのヴァンデ地方の民衆蜂起は、大量殺戮をもって弾圧された。彼らは何を目的に行動したか。凄惨な内戦の実態を克明に描く。（福井憲彦）

増補 十字軍の思想
山内進

欧米社会にいまなお色濃く影を落とす「十字軍」の思想。人々を聖なる戦争へと駆り立てるものとは？その歴史を辿り、キリスト教世界の深層に迫る。

インド洋海域世界の歴史　家島彦一

陸中心の歴史観に異を唱え、海から歴史を見る重要性を訴えた記念碑的名著。世界を一つにつなげた文明の交流の場、インド洋海域世界の歴史を紐解く。

子どもたちに語るヨーロッパ史　ジャック・ル・ゴフ　前田耕作監訳　川崎万里訳

歴史学の泰斗が若い人に贈る、とびきりの入門書。地理的要件や歴史、とくに中世史を、たくさんのエピソードとともに語った魅力あふれる一冊。

中東全史　バーナード・ルイス　白須英子訳

キリスト教の勃興から20世紀末まで。中東学の世界的権威が、中東全域における二千年の歴史を一般読者に向けて書いた、イスラーム通史の決定版。

隊商都市　ミカエル・ロストフツェフ　青柳正規訳

通商交易で繁栄した古代オリエント都市のペトラ、パルミュラなどの遺跡に立ち、往時に思いを馳せたロマン溢れる歴史紀行の古典的名著。（前田耕作）

法然の衝撃　阿満利麿

法然こそ日本仏教を代表する巨人であり、ラディカルな革命家だった。鎮魂慰霊を超えて救済の原理を指し示した思想の本質に迫る。

親鸞・普遍への道　阿満利麿

絶対他力の思想はなぜ、どのように誕生したのか。日本の精神風土と切り結びつつ普遍的救済への回路を開いた親鸞の思想の本質に迫る。（西谷修）

歎異抄　阿満利麿訳／注／解説

没後七五〇年を経てなお私たちの心を捉える、親鸞の言葉。わかりやすい注と現代語訳、今どう読んだらよいか道標を示す懇切な解説付きの決定版。

親鸞からの手紙　阿満利麿

現存する親鸞の手紙全42通を年月順に編纂し、現代語訳と解説で構成。これにより、親鸞の人間的苦悩と宗教的深化が、鮮明に現代に立ち現れる。

行動する仏教　阿満利麿

戦争、貧富の差、放射能の恐怖……。このどうしようもない世の中でも、絶望せずに生きてゆける、21世紀にふさわしい新たな仏教の提案。

無量寿経　阿満利麿注解

なぜ阿弥陀仏の名を称えるだけで救われるのか。法然や親鸞がその理解に心血を注いだ経典の本質を、懇切丁寧に説き明かす。文庫オリジナル。

『歎異抄』講義　阿満利麿

参加者の質問に答えながら碩学が一字一句解説した『歎異抄』入門の決定版。読めばなぜ南無阿弥陀仏と称えるだけでいいのかが心底納得できる。

道元禅師の『典座教訓』を読む　秋月龍珉

「食」における禅の心とはなにか。道元が禅寺の食事係である典座の心構えを説いた一書を現代人の日常の視点で読み解き、禅の核心に迫る。（竹村牧男）

原典訳 アヴェスター　伊藤義教訳

ゾロアスター教の聖典『アヴェスター』から最重要部分を精選。原典から訳出した唯一の邦訳である。比較思想に欠かせない必携書。（前田耕作）

書き換えられた聖書　バート・D・アーマン　松田和也訳

キリスト教の正典、新約聖書。聖書研究の大家がそこに含まれる数々の改竄・誤謬を指摘し、書き換えられた背景とその原初の姿に迫る。（筒井賢治）

カトリックの信仰　岩下壮一

神の知恵への人間の参与とは何か。近代日本カトリシズムの指導者・岩下壮一が公教要理を詳説し、キリスト教の精髄を明かした名著。（稲垣良典）

十牛図　上田閑照　柳田聖山

禅の古典「十牛図」を手引きに、自己と他、自然と人間、自身への関わりを通し、真の自己への道を探る。現代語訳と詳注を併録。（西村惠信）

原典訳 ウパニシャッド　岩本裕編訳

インド思想の根幹であり後の思想の源ともなったウパニシャッド。本書では主要篇を抜粋、梵我一如、輪廻・業・解脱の思想を浮き彫りにする。（立川武蔵）

世界宗教史（全8巻）　ミルチア・エリアーデ

宗教現象の史的展開を膨大な資料を博捜し著された人類の壮大な精神史。エリアーデの遺志にそって共同執筆された諸地域の宗教の巻を含む。

世界宗教史1

ミルチア・エリアーデ
中村恭子訳

人類の原初の宗教的営みに始まり、メソポタミア、古代エジプト、インダス川流域、ヒッタイト、地中海地域、初期イスラエルの諸宗教を収める。

世界宗教史2

ミルチア・エリアーデ
松村一男訳

20世紀最大の宗教学者のライフワーク。本巻はヴェーダの宗教、ゼウスとオリュンポスの神々、ディオニュソス信仰等を収める。（荒木美智雄）

世界宗教史3

ミルチア・エリアーデ
島田裕巳訳

仰韶、竜山文化から孔子、老子までの古代中国の宗教と、バラモン、ヒンドゥー、仏陀とその時代、オルフェウスの神話、ヘレニズム文化などを考察。

世界宗教史4

ミルチア・エリアーデ
柴田史子訳

ナーガールジュナまでの仏教の歴史とジャイナ教から、ヒンドゥー教の総合、ユダヤ教の試練、キリスト教の誕生などを収録。（島田裕巳）

世界宗教史5

ミルチア・エリアーデ
鶴岡賀雄訳

古代ユーラシア大陸の宗教、八―九世紀までのキリスト教、ムハンマドとイスラーム、イスラームと神秘主義、ハシディズムまでのユダヤ教など。

世界宗教史6

ミルチア・エリアーデ
鶴岡賀雄訳

中世後期から宗教改革前夜までのヨーロッパの宗教運動、宗教改革前後における宗教、魔術、ヘルメス主義の伝統、チベットの諸宗教を収録。

世界宗教史7

ミルチア・エリアーデ
奥山倫明／木塚隆志／深澤英隆訳

エリアーデ没後、同僚や弟子たちによって完成された最終巻の前半部。メソアメリカ、インドネシア、オセアニア、オーストラリアなどの宗教。

世界宗教史8

ミルチア・エリアーデ
奥山倫明／木塚隆志／深澤英隆訳

西・中央アフリカ、南・北アメリカの宗教、日本の神道と民俗宗教。啓蒙期以降ヨーロッパの宗教的創造性と世俗化などを収録。全8巻完結。

回教概論

大川周明

最高水準の知性を持つと言われたアジア主義者の力作。イスラム教の成立経緯や、経典などの要旨が的確に記された第一級の概論。（中村廣治郎）

神社の古代史　岡田精司

古代日本ではどのような神々が祀られていたのか。《祭祀の原像》を求めて、伊勢、宗像、住吉、鹿島など主要な神社の成り立ちや特徴を解説する。

中国禅宗史　小川隆

唐代から宋代において、禅の思想は大きく展開した。各種禅語録を思想史的な文脈に即して読みなおす試み。〈禅の語録〉全二〇巻の「総説」を文庫化。

原典訳 チベットの死者の書　川崎信定訳

死の瞬間から次の生までの間に魂が辿る四十九日の旅——中有（バルドゥ）のありさまを克明に描き、死者に正しい解脱の方向を示す指南の書。

インドの思想　川崎信定

多民族、多言語、多文化。これらを併存させるインドという国を作ってきた考え方とは。ヒンドゥー教や仏教等、主要な思想を案内する恰好の入門書。

旧約聖書の誕生　加藤隆

旧約聖書は多様な見解を持つ文書を寄せ集めて作られた書物である。各文書が成立した歴史的事情から旧約を読み解く。現代日本人のための入門書。

神道　トーマス・カスーリス　衣笠正晃訳　守屋友江監訳

日本人の精神構造に大きな影響を与え、国の運命をも変えてしまった「カミ」の複雑な歴史を、米比較宗教学界の権威が鮮やかに描き出す。

ミトラの密儀　フランツ・キュモン　小川英雄訳

東方からローマ帝国に伝えられ、キリスト教と覇を競った謎の古代密儀宗教。その全貌を初めて明らかにした、第一人者による古典的名著。（前田耕作）

生の仏教 死の仏教　京極逸蔵

アメリカ社会に大乗仏教を根付かせた伝道師による、世界一わかりやすい仏教入門。知識としてではなく、心の底から仏教が理解できる！（ケネス田中）

空海コレクション1　空海　宮坂宥勝監修

主著『十住心論』の精髄を略述した『秘蔵宝鑰』、及び顕密を比較対照して密教の特色を明らかにした『弁顕密二教論』の二篇を収録。（立川武蔵）

空海コレクション2　空海 宮坂宥勝監修

真言密教の根本思想『即身成仏義』『声字実相義』『吽字義』及び密教独自の解釈による『般若心経秘鍵』と『請来目録』を収録。（立川武蔵）

空海コレクション3 秘密曼荼羅十住心論（上）　福田亮成校訂・訳

日本仏教史上最も雄大な思想書。無明の世界から抜け出すための光明の道を、心の十の発展段階（十住心）として展開する。上巻は第五住心までを収録。

空海コレクション4 秘密曼荼羅十住心論（下）　福田亮成校訂・訳

下巻は、大乗仏教から密教へ。第六住心の唯識、第七中観、第八天台、第九華厳を経て、第十の法身大日如来の真実をさとる真言密教の奥義までを収録。

修験道入門　五来重

国土の八割が山の日本では、仏教や民間信仰と結合して修験道が生まれた。霊山の開祖、山伏の修行等を通して、日本人の宗教の原点を追う。（鈴木正崇）

鎌倉仏教　佐藤弘夫

宗教とは何か。それは信念をいかに生きるかということだ。法然・親鸞・道元・日蓮らの足跡をたどり、鎌倉仏教を「生きた宗教」として鮮やかに捉える。

観無量寿経　佐藤春夫訳・注 石田充之解説

我が子に命狙われる「王舎城の悲劇」で有名な浄土仏教の根本経典。思い通りに生きることのできない我々を救う究極の教えを、名訳で読む。（阿満利麿）

道教とはなにか　坂出祥伸

「道教がわかれば、中国がわかる」と魯迅は言った。伝統宗教として現在でも民衆に根強く崇拝されている道教の全貌とその究極的真理を詳らかにする。

増補 日蓮入門　末木文美士

多面的な思想家、日蓮。権力に挑む宗教家、内省的な理論家、大らかな夢想家など、人柄に触れつつ遺文を読解き、思想世界を探る。（花野充道）

反・仏教学　末木文美士

人間は本来的に、公共の秩序に収まらないものを抱えた存在だ。〈人間〉の領域＝倫理を超えた他者／死者との関わりを、仏教の視座から問う。

禅に生きる 鈴木大拙コレクション
鈴木大拙
守屋友江編訳
静的なイメージで語られることの多い大拙。しかし彼の仏教は、この世をよりよく生きていく力を与えるアクティブなものだった。その全貌に迫る著作選。

文語訳聖書を読む
鈴木範久
明治期以来、多くの人々に愛読されてきた文語訳聖書。名句の数々とともに、日本人の精神生活と表現世界を豊かにした所以に迫る。文庫オリジナル。

内村鑑三交流事典
鈴木範久
近代日本を代表するキリスト者・内村鑑三。その多彩な交流は、一個の文化的山脈を形成していた。事典形式で時代と精神の姿に迫る。文庫オリジナル。

ローマ教皇史
鈴木宣明
二千年以上、全世界に影響を与え続けてきたカトリック教会。その組織的中核である歴代のローマ教皇に沿って、キリスト教全史を読む。（藤崎衛）

空海入門
竹内信夫
空海が生涯をかけて探求したものとは何か——。稀有な個性への深い共感を基に、著作の入念な解釈と現地調査によってその真実へ迫った画期的入門書。

釈尊の生涯
高楠順次郎
世界的仏教学者による釈迦の伝記。パーリ語経典や漢訳仏伝等に依拠し、人間としての釈迦の姿を生き生きと描き出す。貴重な図版多数収録。（石上和敬）

キリスト教の幼年期
エチエンヌ・トロクメ
加藤隆訳
キリスト教史の最初の一世紀は、幾つもの転回点を持つ不安定な時代であった。この宗教が自らの独自性を発見した様子を歴史の中で鮮やかに描く。

原始仏典
中村元
釈尊の教えを最も忠実に伝える原始仏教の諸経典の数々。そこから、最重要な教えを選りすぐり、極めて平明な注釈で解く。（宮元啓一）

原典訳 **原始仏典（上）**
中村元編
原パーリ文の主要な聖典を読みやすい現代語訳で。上巻には「偉大なる死」（大パリニッバーナ経）「本生経」「長老の詩」などを抄録。

邪教・立川流　真鍋俊照

女犯の教義と髑髏本尊の秘法のゆえに、徹底的に弾圧、邪教法門とされた真言立川流の原像を復元し、異貌のエソテリズムを考察する。貴重図版多数。

増補 チベット密教　ツルティム・ケサン　正木晃

インド仏教に連なる歴史、正統派・諸派の教義、個性的な指導者、性的ヨーガを含む修行法。真実の姿を正確に分かり易く解説。（上田紀行）

密教　正木晃

謎めいたイメージが先行し、正しく捉えづらい密教。その歴史・思想から、修行や秘儀、チベットの性的ヨーガまでを、明快かつ端的に解説する。

増補 性と呪殺の密教　正木晃

性行為を用いた修行や呪いの術など、チベット密教に色濃く存在する闇の領域。知られざるその秘密に分け入り、宗教と性・暴力の関係を抉り出す。

大嘗祭　真弓常忠

天皇の即位儀礼である大嘗祭は、秘儀であるがゆえ多くの謎が存在し、様々な解釈がなされてきた。歴史的由来や式次第を辿り、その深奥に迫る。

正法眼蔵随聞記　水野弥穂子訳

日本仏教の最高峰・道元の人と思想を理解するうえで最良の入門書。厳密で詳細な注、わかりやすく正確な訳を付した決定版。（増谷文雄）

空海　宮坂宥勝

現代社会における思想・文化のさまざまな分野から注目をあつめている空海の雄大な密教体系！　空海密教研究の第一人者による最良の入門書。

一休・正三・白隠　水上勉

乱世に風狂一代を貫いた一休。武士道を加味した禅をとなえた鈴木正三。諸国を行脚し教化につくした白隠。伝説の禅僧の本格評伝。（柳田聖山）

治癒神イエスの誕生　山形孝夫

「病気」に負わされた「罪」のメタファから人々を解放すべく闘ったイエス。古代世界から連なる治癒神の系譜をもとに、イエスの実像に迫る。

ちくま学芸文庫

龍樹《りゅうじゅ》の仏教《ぶっきょう》　十住毘婆沙論《じゅうじゅうびばしゃろん》

二〇一一年十月十日　第一刷発行
二〇二二年十月二十日　第二刷発行

著者　細川巌（ほそかわ・いわお）
発行者　喜入冬子
発行所　株式会社　筑摩書房
東京都台東区蔵前二―五―三　〒一一一―八七五五
電話番号　〇三―五六八七―二六〇一（代表）
装幀者　安野光雅
印刷所　株式会社精興社
製本所　株式会社積信堂

ISBN978-4-480-09408-7 C0115